20 世纪中国图书馆学文库·45

图书馆管理学纲要

于鸣镝 著

國家圖書館出版社

本书据辽宁人民出版社 1986 年 4 月第 1 版排印（原书后附"名目索引"未排印）

目　录

理化研究

图书馆的现代化

序　言

　　《图书馆管理学纲要》由几经修改重印的讲义而出版，既说明当前图书馆界的需要，又说明作者不是固步自封，而是向前发展的。

　　作者于鸣镝，原籍云南，祖辈迁居辽宁，定居大连。生于1939年，三岁而孤，与母相依为命。新中国成立后，带来了新生。年十余人初中，自知家境清寒，发奋攻读而志于学。1960年毕业于大连海运学院中专部船舶驾驶专业，留校工作于图书馆。由于学非所用，然后知不足；工非所专，然后知不精，于是同年9月，考入吉林师大图书馆学专修科。在学两年，刻苦勤奋，成绩斐然。毕业后回大连海运学院图书馆工作，历任采编、阅览和参考咨询组长，与同志们同甘共苦，以馆为家，不知休息，胜任工作并做出很大成绩。1983年10月，调至大连轻工业学院任图书馆副馆长。

　　最近几年来，作者除实际工作外，还担任图书馆学的教学任务，《图书馆管理学纲要》就是其中授课的讲义之一。这本书是作者"学习图书馆科学管理问题的一点心得体会，是力图应用管理学、人才学、系统论、控制论、信息论的某些观点说明或讨论图书馆工作的一次初步尝试"。当我初次阅读此书时，字里行间经常闪烁着新意，打破旧日的图书馆管理的框框，不仅内容扩大，而且论点新颖，论证充分，所谓"力图应用管理学、人才学、系统论、控制论、信息论"来建立图书馆管理学，并非虚语，诚使读者开拓眼界，增长见闻，因此，我十分同意作者把"图书馆管理学"从图书馆学里分出来，成立一门独立的"科学"。这是每一门学科发展到一定的程度，趋向于成熟阶段而自然会进行分化，发生各种分支学科的必由之路。"万事开头难"，这完全正确。"这本极不成型的《纲要》也是参阅和利用许多人的科研成果的产物"，这话前半部是作者虚怀若谷的表态，后半部确是作者的真心话。他诚恳要求"能得到名师高手和图书馆界同行的'仙人指路'"的愿望，当然是大家可以理解的。

自强不息，锲而不舍，这是为学的成功之道。作者就是这样的性格。当他把修改的纲目寄给我希望得到帮助时，我就以助人为乐的态度，尽力向这纲目提意见。主要是"补"、"改"、"删"、"增"四点。接着他将整个修改的稿子寄宁，我就依据过去的四点意见，一一指出，务使这本《图书馆管理学纲要》，臻于完善。较之前稿又有增新，淘汰了不少旧的东西。尤其对每章后的参考文献加以调整，使之在读完每章即可得到相关参考材料，以弥补正文的不足。至于文字上的润饰，观点上的鲜明，论证上的充分，条例上的清楚等等，不必赘述，读者只要一读再读，就能掌握精神，运用到实际图书馆工作管理上，即可收到良好的效果。

一切事情总是一分为二的。作者曾尽最大的力量加以多方面的修改，本人也竭尽绵力加以多方面的校订，虽千虑能有一得，然缺失所在难免，殷望有道随时指正，那不仅是我们之幸，也是这本开拓性的《图书馆管理学纲要》之幸！推而广之，也可以说是我国图书馆学研究新成果之幸！

钱亚新序于南京成园
一九八五年春节前

第一章　图书馆管理学的基本问题

本章将涉及图书馆管理学的演进、定义、对象、内容、相关学科、学科性质、研究方法以及研究任务等基本问题。

第一节　图书馆管理学的演进

自从图书馆诞生时起,图书馆工作者就在应用各种方法管理它。如果说"管理的实践是同人类的历史一样悠久"[*]的话,那么,也可以说,图书馆管理的实践也是与图书馆的历史一起开始的。随着社会的日益进步,图书馆的管理方法也在逐步完善,管理水平也在不断提高。当十八世纪后期出现了管理科学的理论(它先后经历了管理理论的萌芽、"古典"管理理论、行为科学管理理论以及现代管理理论等几个发展阶段)以后,图书馆的管理就有了可资借鉴的理论方法,从而更加符合科学化的要求。由此可见,管理科学的建立和发展为图书馆管理理论即图书馆管理学的建立和发展提供了必要的条件。

如果说,管理科学为图书馆管理学提供了一般的理论和方法

---

[*]　管理学基础:职能・行为・模型/(美)小詹姆士,H.唐纳利等著.—北京:中国人民大学出版社,1982.1

1

的话,那么,国内外图书馆工作者长期积累起来的管理经验则为图书馆管理学的建立奠定了坚实的基础。

在长期管理图书馆的实践中,图书馆工作者在积极地吸收了其它领域里的管理理论和管理方法的同时,结合图书馆工作的自身特点,不断探索管理图书馆的固有规律,并逐渐积累了管理图书馆的丰富知识,其中包括一些理论和方法。据可靠资料说,美国早在 1887 年就出现了研究图书馆管理的文献。我国在本世纪二十年代也出现了图书馆管理学方面的论著,尽管当时它对图书馆的管理学理解还很幼稚,概念也不够明确,涉及的领域有失于"宽泛"等等缺点,但是它对某些管理的内容进行了论述,对图书馆管理的实践进行了总结。解放后,武汉大学和北京大学两个图书馆学系还开设了《图书馆行政学》的课程。应当承认,这个《图书馆行政学》当视为图书馆管理学的"毛坯"。

现代管理理论的日益深化,现代图书馆事业的蓬勃发展,使图书馆管理学的建立不仅成为必要,而且有了可能。1973 年,美国西蒙斯大学图书馆学情报学研究生院第一次建立了专门培养图书馆管理高级人才的文学博士学位课程,十年当中就有二十四人获得了这一学位,目前仍有十四人在攻读这一学位。该院围绕图书馆管理,开设了《管理领域研究》、《研究方法》、《图书馆管理应用统计学》、《图书馆系统分析》、《现代管理理论》、《管理原则》、《人事管理》、《情报网》、《图书馆和法律》、《行政管理》、《医学图书馆管理》、《情报设施的设计》、《资料收集的设计》、《媒体设计与研究》、《图书馆服务》、《公共图书馆管理》、《专门图书馆管理》和《图书馆与读者》等十八门课程。

我国图书馆事业近年来发展很快,特别是中国图书馆学会在 1979 年成立以来,学术研究活动十分活跃。1981 年 3 月,中国图书馆学会学术委员会在四川省峨嵋县召开有史以来第一次"图书馆科学管理科学讨论会"。这是一次空前盛会,是对我国图书馆管理实践的一次科学总结,也是对建立具有中国特色的图书馆管理学的一次有益的探索。在这次会上和会后,涌现出了一大批研究图书馆科学管理或者图书馆管理科学化的文章。图书馆的科学管理已经成为各级图书馆学会各次学术讨论会的主要论题之一,也是各图书馆学情报学专业期刊上发表文章数量最多的专题之一。

实践丰富理论,理论又指导实践。当管理科学的理论和图书馆学有机结合起来的时候,作为一门综合性学科的图书馆管理学就应运而生了。

可以相信,新兴的图书馆学的分支学科——图书馆管理学一定会迅速地完善起来。

第二节 图书馆管理学的定义

图书馆管理学是研究图书馆管理活动及其客观规律的科学。它是管理学理论同图书馆工作实践相结合的产物。从另一个角度看,我们还可以说,图书馆科学管理的理论化和系统化就是图书馆管理学。那末,什么是图书馆的科学管理呢?现在有各种不同说法,归纳起来,大体上有五种:

第一种提法认为,"图书馆工作的自动化管理就是图书馆的科学管理。"

毫无疑问,图书馆是要实现自动化管理的,因此,作为一个长远目标,这种说法不能说错。但是,图书馆的科学管理是一个"全面管理"的概念,决非"自动化"这个概念所能包括和代替得了的。例如,在图书馆的管理中,人员的管理是极其重要的,但是对人就无法进行自动化管理。而且,科学本身具有时代性,不同时代的科学水平是不一样的。因此,不能用"自动化"作为科学管理的单一标志。

第二种提法认为，"图书馆内各工作环节之间的高度协调一致就是图书馆的科学管理。"

图书馆中各个工作环节之间要不要协调一致？要不要互相配合？要不要既有分工又有合作？显然都是需要的，甚至可以说是必须的。但是问题在于，有了这种协调一致并不就等于科学管理，这是因为，所谓管理，就是执行决策，如果决策错了，协调一致有什么用？决策错了，越是"高度的协调一致"，其后果也就越糟。事实证明，决策只有在正确的前提下，各工作环节之间的高度协调一致才能发挥出"放大功率"的积极作用。

第三种提法认为，"低耗、高效，优质的管理就是图书馆的科学管理。"

低耗、高效、优质，这是现代企业管理中用以衡量效果的三项指标，虽然对图书馆的管理工作有借鉴作用，但是把它作为图书馆科学管理的定义似不科学。

第四种提法认为，"符合图书馆工作规律的管理就是图书馆的科学管理。"

我们认为这一提法没有错。不可能设想，违背图书馆工作固有规律会有什么科学管理可言；换言之，按照图书馆工作的客观规律进行管理就一定符合科学。有人说："这种提法太抽象，而且，大家对什么是图书馆工作的固有规律现在还有争论呢。"但是须知，规律本身就是抽象的、看不见的东西，正如列宁所说："物质的抽象，自然规律的抽象，价值的抽象及其它等等，一句话，那一切科学的（正确的、郑重的、不是荒唐的）抽象，都更深刻、更正确、更完全地反映着自然。"* 当然，规律本身并不等于科学管理，但是，我们按照规律办事，就能把图书馆管理好。至于目前对图书馆工作

---

* 列宁全集 第38卷/（苏）列宁著. —北京：人民出版社，1957

客观规律的认识尚未统一，那也无妨，继续探索下去就一定能够找到真理。

第五种提法认为，"图书馆组织管理的系统化就是图书馆的科学管理。"

应当承认，这是一种现代系统工程学理论应用到图书馆管理工作后形成的新观点。系统工程学是在控制论、信息论、运筹学和管理学的基础上利用电子计算机发展起来的一门横跨许多知识领域的综合性学科。显然，如果把它引进到图书馆的管理实践中去，必将使图书馆的管理水平发生深刻的变化。

以上五种提法是从不同侧面提出问题和认识问题的。我们应该把它们综合起来，使之对图书馆科学管理的表述更全面、更完善、更准确一些。

我们认为，应用现代科学的理论和方法，遵照图书馆工作和图书馆事业的固有规律，合理地组织和最大限度地发挥图书馆的人力、物力、财力等各种资源的作用，以便达到预定目标的决策过程，这就是图书馆的科学管理。

随着社会的不断发展，存在于社会之中的管理概念也将不断发展，图书馆管理的科学化水平也将提到一个新的高度。

第三节　图书馆管理学的研究对象

同所有别的学科一样，图书馆管理学也有自己的研究对象。它在整个图书馆学的学科体系中占据着固有的席位，就是因为它的研究对象的特殊性。

我们努力实现图书馆管理工作的科学化，其根本目的就在于寻求图书馆服务的最佳化。因此，图书馆管理学就要研究图书馆系统的管理活动及其规律。掌握了图书馆管理活动的客观规律，掌握了图书馆系统最佳化管理的原则和方法，就能充分发挥图书馆收集、整理、报导、传递科学信息的作用，为社会主义物质文明和精神文明建设作出应有贡献。具体些说，大体上有这样一些问题需要研究：

1. 怎样配备图书馆的各种工作人员，组成一个合理的、科学的、完整的因而能量最大的智力结构，从而最大限度地调动所有人的积极性和创造性？

2. 怎样组织和管理藏书，以便最大限度地提高图书的流通率，广、快、精、准地为读者提供他们需要的书刊资料，为创造高度的精神文明和物质文明作出贡献？

3. 什么样的馆舍最有利于书刊保管又方便读者使用？什么设备能充分发挥图书馆藏书流通的作用？

4. 怎样合理使用经费，如何遵循勤俭节约的社会主义经济原则，以便用最低的消耗取得最高的效果？

5. 怎样安排或组织全馆人力，设计一套效率最高的工作程序，以使各摊工作既分工（每摊工作都能取得最佳效果）又协作（每摊工作联合起来以后的整体工作也取得最佳效果），从而使大系统的功能大于各子系统功能的总和？

6. 为了使全部管理工作有所遵循，在行动上有所依据，需要建立哪些合理的规章制度？社会主义图书馆要不要自己的图书馆法？它应该体现什么原则？应该包括哪些基本内容？

7. 什么样的管理体制最适合于我国图书馆事业的实际状况，并且最有利于图书馆事业的发展和图书馆作用的发挥？

8. 其它学科中有哪些新原理、新观点、新方法可以应用到图书馆管理当中来？

第四节 图书馆管理学的研究内容

图书馆管理学是以图书馆的管理活动及其规律为研究对象的,其内容是多方面的,概括起来,大体上包括以下十二个方面。

一、图书馆管理学的基本理论。它包括图书馆实行科学管理的必要性亦即科学管理的意义,同时还包括诸多的概念和管理的对象、性质、范围、目的以及现代管理的各种特性。

二、图书馆管理学的发生发展。这显然涉及普通管理理论的产生和发展以及在它的影响下图书馆管理理论的产生和发展,同时还要从中探讨各自的发展规律以及二者之间的相互联系。

三、图书馆系统的管理。这方面包括一般系统理论在图书馆管理活动中的应用;图书馆系统管理与系统结构,图书馆系统分析与系统工程等。

四、图书馆管理学的基本原理。其中包括集中统一管理、民主管理、质量管理、经济管理、计划管理及反馈管理等。

五、图书馆管理的过程。图书馆管理是一个从计划、组织到指挥、控制和协调的过程,要保证整个过程畅通无阻并获得最佳效果。

六、图书馆管理的基本内容。图书馆在管理过程中所涉及的内容是非常广泛的,例如,图书、人员、读者、馆舍、设备、经费、业务技术以及时间、效率、信息、环境等等。

七、图书馆管理的方法与工具。常见的有行政管理法、法律管理法、经济管理法等,这是主要的几种管理法。除此之外,还有其它一些方法,例如教育方法和咨询方法等。

八、图书馆管理的应用统计。包括统计工作的组织、各种统计方法以及各种具体统计。

九、图书馆管理的经济效益。主要是对于图书馆管理过程中各项活动在经济上合乎目的性程度的评价问题。

十、图书馆管理队伍的结构、要求和培养。

十一、图书馆管理的现代化技术。

十二、图书馆管理的未来发展。*

由此可见,图书馆管理学要研究的内容是十分广泛的。随着科学技术的不断进步,随着管理学和图书馆事业的发展,它的研究内容也会随之发展、丰富。

第五节　图书馆管理学的相关学科

如前所述,图书馆管理学具有广泛的综合性特点,因而,它同其它学科之间要发生许多联系,其中联系最密切的是那些与它性质相近或相毗连的学科,这些学科就是图书馆管理学的相关学科。

一、图书馆管理学与管理学

管理学研究的是社会系统的管理活动及其规律,而图书馆管理学则是研究图书馆系统的管理活动及其规律。这既表明了二者的联系,又反映出二者的区别。

由于管理学又是控制论的一部分,所以,图书馆管理活动中就要直接应用控制方法,对管理对象、信息、时间和全部过程加以有效控制,以达预期目的。

＊　建立和发展我国图书馆管理科学/黄宗忠著//武汉大学学报(社科版).—1983(5)

二、图书馆管理学与图书馆学

因为图书馆管理学是图书馆学的一个新的重要分支学科,所以,二者存在着血缘关系。但是,由于二者的研究对象在广袤性和层次性上是不同的——图书馆学研究的是图书馆事业的发生发展、组织形式及其工作规律,而图书馆管理学研究的是图书馆管理的管理活动及其规律,所以二者之间既有联系又有区别。如果说,离开了管理学,图书馆管理学就失去了管理理论的话,那末,离开了图书馆学,图书馆管理学就失去了具体的研究对象了。

三、图书馆管理学与信息论

信息与管理密不可分,没有信息就无所谓管理。这是因为系统的联系和系统的发展都是通过信息的流通实现的。因此,图书馆要实现科学管理,就必须努力而又积极地吸收、利用信息论的研究成果,以保证图书馆管理活动中的信息永远流通,正向流通,高速流通和准确流通,以便对管理过程进行最佳化控制。

四、图书馆管理学与人才学

人才学是一门关于研究人才发展成长客观规律的科学。它研究的主要内容是人才的发现、培养、发展、使用和管理问题。[*] 图书馆的管理同其他领域的管理一样,离不开对人的管理。不仅如此,对人的管理也是通过人来管理的,所以,它要研究怎样配备图书馆的各种人员,以便组成一个合理的、科学的、完整的因而能量最大的智力结构,从而最大限度地调动所有人的积极性和创造性,使他们成为图书馆事业的管理人才。

---

[*] 人才学与教育学/顾明远著.—人民教育出版社,1980.4

五、图书馆管理学与统计学

图书馆要使自己的管理达到最佳化，就必须做到管理科学化，而科学化离开数学化是很难想象的。因此，图书馆的科学管理必须走定量化的道路。正是由于这个缘故，数学方法，其中包括统计方法在图书馆工作中得到广泛的应用。令人高兴的是，把统计学原理和方法应用到图书馆工作实践中去已经诞生了一门新的分支学科——图书馆统计学。*

六、图书馆管理学与其它图书馆学分支学科

图书馆管理学与图书馆学内其它分支学科，例如图书馆采访学、图书分类学、图书编目学（有人称图书馆目录学）、图书馆文献学、图书馆教育学、图书馆读者学、图书馆档案学、图书馆建筑学以及图书保护学和图书流通学等都有着极其密切而又直接的关系。虽然它们彼此的研究角度不同，范围不同，具体内容和方式也不同，但是，它们的目的都是一致的，即把图书馆办好、管好，以便为读者服务好。因此，它们将互相映衬，互相补充。

除了以上所列几种主要相关学科之外，可以说，由于图书馆管理学的综合性质，实际上它同许多学科都发生这样那样的联系，所以我们应在实践中注意吸收、借鉴其它学科的新原理、新方法和新成果，不断充实和丰富图书馆管理学的理论体系。

第六节 图书馆管理学的学科性质

图书馆管理学是一门综合性的应用学科。

---

　* 图书馆统计学的理论与实践/丁道谦编著. 一成都:四川图书馆学会,1981

首先,图书馆管理学是管理学与图书馆学相结合的产物。这就是说,它是管理学的一分支学科,是管理学原理在图书馆管理活动中的具体运用,因此,管理学的一般原理和方法对于图书馆管理学来说是普遍适用的。但是,图书馆管理学又是图书馆学的一个分支学科,是图书馆管理实践的理论化和系统化,因此,离开了图书馆管理活动的实践,只把管理学的一般理论生搬硬套地拿到图书馆中来,是无法对图书馆实行科学管理的。

其次,图书馆管理学又是现代各相关学科的综合。"它融组织论、行为科学、预测学、决策论、运筹学、系统论等学科于一炉。它既不是传统的科学管理,也不是简单的概括数学方法加电子计算机的利用。"*

图书馆管理学的这种学科性质是由于它的研究对象和研究内容决定的。它涉及了社会科学,也涉及了自然科学和应用技术,它还涉及到哲学、逻辑学、语言学、教育学、心理学、管理学、人才学、经济学、统计学、法学以及信息论、系统论和控制论等许多学科领域。

第七节　图书馆管理学的研究方法

人们在探索未知世界的时候,总要运用一定的研究方法,总要以某种世界观和方法论作指导。在正确的世界观和科学方法的指引下,我们的研究才能符合客观规律,才能获得最后成果。

但是,"科学方法不是呆物,而是一个不断生长的过程"。** 同其他任何事物一样,方法论也存在着层次。

---

* 建立和发展我国图书馆管理科学/黄宗忠著//武汉大学学报(社科版).—1983(5)
** 历史上的科学/(法)贝尔纳著.—北京:科学出版社,1959.9

第一个层次，或称最高层次，即它毫无例外地适用于一切科学的那种方法，或者说对整个科学都具有普遍的指导意义的那种方法。这种方法我们称之为方法论的"哲学层次"。

第二个层次，我们称它为方法论的"科学层次"，即适用于超出某一具体学科的普通科学的方法，例如观察、实验、抽象等方法。

第三层次，就是只适用于某一具体学科的研究方法，我们称之为方法论的"学科层次"。

第四个层次，即方法论的"最低层次"，它是指某个非常狭隘的领域所特有的和专门的，有时带有经验性质的各种技术手段、规定和作业等。*

"由于现代科学不同学科或专业之间的相互渗透与紧密联系，往往在一个学科中很普遍的原理或方法，很可能成为解决另一学科中重大问题的卓有成效的理论依据或方法。"**因此，图书馆管理学涉及每个层次的研究方法。

一、马克思主义哲学即辩证唯物主义和唯物辩证法是 图书馆管理学全部研究方法的基础

马克思主义哲学是一切科学研究的指南。从事任何科学研究的人都必须努力学习、牢固掌握这一个唯一正确的世界观和普遍适用的方法论。因此，在进行图书馆管理研究的时候就必须依照马克思主义哲学原理，不是孤立地、静止地看问题，而是从整体上，从图书馆与它以外的诸多事物的相互联系、相互依赖、相互制约的观点去观察，去分析，去研究；不是从表面的、现象的等偶然联系上，而是从内部的、本质的必然联系上去观察，去分析，去研究；不

---

* 科学认识的方法问题/（苏）什托夫，B. A. 著；柳延延等译. 一北京：知识出版社，1981.9

** 科学研究的方法论/陈衡著. 一北京：科学出版社，1982.5

是从主观上片面地,而是从客观上全面地、辩证地、历史地去观察,去分析,去研究;不是绝对地、形而上学地,而是从分析与综合的统一、抽象与具体的统一、演绎与归纳的统一、历史和逻辑的统一上去观察,去分析,去研究。这样,我们就能从图书馆管理实践的千头万绪的活动中,以及它与其他事物之间的千丝万缕的联系中,找出本质上的、内在的联系——即客观规律性,对图书馆实现真正的科学管理。

二、系统方法

所谓系统方法就是"把对象放在系统的形式中加以考察的一种方法。具体来说,就是从系统的观点出发,始终着重从整体与部分(要素)之间,整体与外部环境的相互联系、相互作用、相互制约的关系中综合地、精确地考察对象,以达到最佳地处理问题的一种方法"。*

系统方法的第一个特点是整体性,也称全部性,它要求把研究对象作为一个整体,从整体与部分的相互依赖的关系中揭示系统的特征和运动规律。对于图书馆的管理来说,就不能只从某项具体工作的局部上,而应该从它与其它工作的相互连结上寻找整个管理工作的固有规律。

系统方法的第二个特点是综合性,它认为光从整体上考察问题还不够,还必须对构成整体的任何一个组成部分进行考察。研究它的成分、结构、功能、相互之间联系的方式以及历史发展等等。例如,对于图书馆的管理来说,既要从整体上研究,又要从每个工作环节进行深入细致的考察。简言之,只有图书馆里的每项工作、每项工作的每个阶段都实行了科学管理,整个图书馆工作才能实现科学管理。

---

* 自然辩证法讲义/该讲义编写组.—北京:人民教有出版社,1979.8

13

系统方法的第三个特点是满意性。这是任何传统方法都做不到的。可以根据客观需要和实际可能为系统定量地确定出最优目标。它运用最新的科学技术手段和方法把整个系统分成若干等级或层次,在动态中协调整体与部分的关系,使局部服从整体,从而最后使整个系统达到最佳目标。例如,图书馆制定了一个最大限度地提高图书流通率的总目标以后,就要从采购、分编、典藏、流通阅览等各个工作环节上采取一系列的措施,使采购的书、刊等文献资料最大限度地符合读者的实际需要;使分编和典藏能够为读者充分利用馆藏提供最佳的检索服务措施;使流通阅览等部门能够以最快的速度和最高的精度满足读者的阅读需要。总之,只有各个工作环节都能使本摊工作的功率达到最大,预先设计的最佳目标才能实现。

　　系统方法的第四个特点是它的动态性。图书馆是一个人工的、开放的系统,它不断地从外部(主要是书店)输入书、刊、资料,同时又不断地从内部把这些文献资料输出到外界(主要是指读者),进书、出书,借还交替,周而复始,永不停歇,这就形成了它的动态性。因此,我们不仅要研究它的发展和变化的方向、趋势、活动的速度和活动的方式,而且还要探索它的发展动力、变化原因和运动规律。

　　由此可见,系统方法是"一种立足整体、统筹全局、使整体与部分辩证统一起来的科学方法"。* 因此,它将成为图书馆管理学的基本方法之一。

　　"系统方法摆脱了把对象先分割成各部分然后再综合的传统方法的束缚,它从整体出发,从部分和整体的联系中揭示整个系统

---

* 　自然辩证法讲义/该讲义编写组. —北京:人民教育出版社,1979.8

的运动规律。"*这就为科学研究的整体化提供了一个思想方法。

图书馆工作是一种实践性很强的工作,因而图书馆管理学的实践性也是十分明显的。这就是说,必须从我们的实际情况出发,从我们的现有水平出发,积极开展深入细致的调查研究工作,从大量的实践活动中,从理论同实践相结合的过程中,总结经验,分析研究,从而不断加深认识,逐渐充实和逐步完善图书馆管理学的基础理论,以便更好地指导图书馆的管理实践,使之更加科学化,并向最佳化迈进。

总之,系统方法是科学研究中具有普遍意义的一种方法。图书馆管理学在应用这种方法时,应该强调整体,强调部分与部分之间、部分与整体之间相互联系和相互作用,而不是局限于某一个局部、某一个过程或某一个问题上;应该抓住图书馆系统的总目标,从整体观念出发,而不要把眼光限制在某一个领域或某一个环节上;应该重视图书馆这个大系统的层次性,并且注意把图书馆这个系统放到更大的系统,例如文教系统、社会系统中去考察;应该注意构成该系统的诸要素之间、部分之间和系统之间的关联性和均衡性。**

三、信息方法

所谓信息方法,"就是运用信息的观点,把系统看作是借助于信息的获取、传递、加工、处理而实现其有目的性的运动的一种研究方法"。***

由于信息的畅通无阻,正向流通、快速流通和准确流通,特别

---

  * 建立和发展我国图书馆管理科学/黄宗忠著//武汉大学学报(社科版).—1983
(5)

  ** 建立和发展我国图书馆管理科学/黄宗忠著//武汉大学学报(社科版).—1983
(5)

  *** 自然辩证法讲义/该讲义编写组编著.—北京:人民教育出版社,1979.8

是由于反馈信息的存在和作用,才使系统按照预定目标实现最佳控制。

人们认识世界和改造世界的活动无论怎样不同,但是任何活动都存在着三个流动过程,即由劳动力形成的人流,生产资料和劳动资料组成的物流以及由组织、计划、指导、协调和控制等管理手段组成的信息流。三流之中无论哪一股流发生堵塞和中断,都将造成实践活动的破坏和停顿。管理的生命在于运动,信息流通若停止了,管理就凝固了,窒息了。可见,信息在管理中起着极为重要的作用,它调节着人流和物流(在图书馆的管理工作中就是调节着读者和图书馆工作者的人流以及书、刊、资料的物流的数量、方向、速度和目标),指引着人们有目的地、有规则地进行各种活动。

要使管理科学化,就必须使信息流通合理化。什么是信息流通合理化?简言之,即其流通的方向、速度和准确性三者的最佳配合——即流通的方向要对,流通的速度要快,流通精度要高。当然,三者都是以过程的畅通无阻为前提的。因为,整个运动是依靠着贯串于过程始终的信息流通维持的,流通一堵塞,过程即告中断,管理就告停顿。

但是,信息流通并不等于科学管理。流通有一个根本问题,这就是流通的方向问题,因此,要确保信息的正向流通。所谓正向流通,是说要按照指挥中心的指令执行任务,而不能反向,不能逆转。反向、逆转是对管理的破坏。在图书馆的管理工作中,本末倒置、反向流通的情况是司空见惯的。以规章制度为例,正常的情况是"有令则行,有禁则止",但是经常发生的却是"虽有规章,搁在一旁;虽有制度,置之度外"。更有甚者,规章未废但不执行,新法未立而以权代之……这些都是与科学管理背道而驰的。在职权范围上也存在反向流通的现象。例如,馆长热衷于日常琐事,甚至事无巨细,大包大揽,事事过问,样样都管,结果只能是顾此失彼,没有

16

多大成绩。正向流通则要求馆长抓大事、抓决策、抓控制、抓监督、抓管理以及抓人员的合理使用。

解决了流通的方向问题,还不能说就解决了管理的科学化问题。在今天,管理的科学化程度是与管理过程中的信息流通的速度成正比的:速度越快,效率越高,效果越好,管理就越科学。这个问题,我们可以说,时间就是速度,就是效率,就是科学管理的生命。

除此之外,对流通效果最后起决定作用是流通的质量即流通的准确性问题。不言而喻,流通错了,速度越快其效果就越糟。这里的准确性问题包括两层意思——信息本身的真实性问题和信息在流通过程中不出故障,不出差错,不能走样,不能失真。如果信息本身错误,就会导致错误的判断;决策错误,指令错误,最后必然造成错误的后果。而信息在流通过程中发生故障,其结果就比较危险,甚至比没有信息更可怕,往往错上加错,形成恶性循环。

由此可见,信息流通是图书馆系统赖以存在和借以发展的关键。图书馆管理学应用信息方法,就可以研究图书馆管理活动中信息获得的直接感受和间接感受的具体机制;就可以研究图书馆管理过程中信息的准确度和信息合理量以及它们所需要的不同信息;就可以研究信息的收集、整理、综合和分析、评价和传递的工作,以供作出正确的判断和决策;就可以研究如何保证信息永远流通,上传下达不被堵塞和克服信息在传递中的失真、迟缓和呆滞等问题。

四、数学方法

马克思认为,一种科学只有当它达到了能够运用数学时,才算真正发展了。[*] 这是因为,数学方法能为科学研究提供简洁精确

---

* 马克思回忆录/(德)拉法格著.—北京:人民出版社,1981

的形象化语言、数学分析和计算方法以及推理工具和抽象能力。正如恩格斯所说:数学是"辩证法辅助的工具和表现方式"。*

1. 概率论

借助于概率论,我们可以对工作进行一定限度内的测算,例如,可以测算出读者借书的分布规律,从而掌握读者在一天、一周、一季乃至一年当中的借阅高峰期,以便合理安排人力物力,充分满足读者的需要。

概率论还可以帮助我们对藏书利用率、读者要求满足率等进行测算,使我们工作起来心中有数。

2. 线性规划

线性规划在图书馆中大有广阔的用武之地,例如,我们在进行馆舍建筑的设计时,在考虑藏书的合理布局时,在安排阅览室的位置及分布时,在统筹全馆的人流(包括馆员流和读者流)、书流和信息流的时候,都要借助线性规划的神威,以便获得理想的管理效果。

3. 排队论

在解决读者借书拥挤,在解决藏书积压以及依据轻重缓急规划各项工作时,都将应用排队论,以便保证大事优先,保证重点,统筹兼顾,合理调度,防止出现瓶颈现象。** 丁惠龄同志提出应用"排队论"来解决图书馆的借书处和阅览室的设置问题,也可以解决在读者人数大体稳定,工作人员服务能力不变的情况下,为了减少读者等待的时间,需要增添多少工作人员的问题,阅览座位多少合适的问题,分设借阅台还是增加借阅台数量的问题以及实行分科借阅好还是集中借阅好等许多问题。***

＊ 自然辩证法/(德)恩格斯著.—北京:人民出版社,1971.8

＊＊ 图书馆系统分析/陈源蒸编著.—油印本.—北京:北京大学图书馆,1981

＊＊＊ 系统工程在图书馆工作中应用的初步设想/丁惠龄著//图书与情报.—1982(1)

4. 决策论

决策论可用于条件判断的变量测算,例如藏书在什么条件下应该保证其稳态增长;各种类型出版物的采购比例怎样才是恰当的、合理的;读者的借阅要求满足到何种程度才是允许的、合理的等等。

5. 存贮论

书库中的书是处于不停的借还出入的运动之中,那末书库中应保留多大的库存量才是合适的? 阅览室里的读者出出进进,有时拥挤,有时稀疏,那末把读者人数控制在多少才好? 诸如此类的一些问题,都要用到"存贮论"。

五、调研方法

调查研究,这是科学研究中最常用、最普遍、最直接、最基本的一种方法。没有调查,心中无数,就不可能作出任何正确的决策。只有在调查研究的基础上,凭借掌握的第一手材料即可靠的信息,才能进行分析、比较和综合。因此,调查研究是与整个研究过程共始终的。常见的调查研究方法有:抽样调查法、实地考察法、直接观察法等等。

六、逻辑推理法

列宁说:"任何科学都是应用逻辑。" * 实践证明,逻辑推理是科学研究的重要方法,是从感性认识上升为理性认识的重要手段。任何一门科学都是建立在严密的逻辑推理的基础之上,所以,图书馆管理学不可能离开逻辑而使管理科学化、理论化和系统化。

---

* 列宁全集 第38卷/(苏)列宁著. —北京:人民出版社,1957,第316页

七、移植方法

在科学研究活动中,将一个学科领域中发现的新原理或新技术,应用或移植到其它领域里去,往往可以使研究者的基本思想豁然开朗,为解决某一研究课题提供关键性的方法、手段。这种方法就是"科学移植法。"* 这种方法既简便又有效,所以在科学研究活动中应用得很普遍,很多学科就是在这种互相移植、互相输液的滋补过程中发展起来的。图书馆管理学本身就是把管理学的原理、系统论的原理、信息论的原理以及控制论、人才学等等学科的原理和方法移植到图书馆工作以后的产物。

八、其它各种方法

除以上七种主要方法外,还有心理学方法、历史方法以及比较方法等都是可以应用的。

第八节 图书馆管理学的研究任务

图书馆管理学要不断地向前发展,以便形成和不断完善自己的理论体系,就必须永不停顿地进行科学研究。要对图书馆管理的实践中出现的问题,进行科学的概括和总结,使之条理化、系统化;有了新观点、新思想、新方法以后,又要在图书馆的管理活动中去应用,去检验,去充实,去完善。要理论联系实际,从实际出发,要从改变我国图书馆管理落后,努力实现图书馆管理现代化、图书馆现代化,最后为实现我国社会主义四个现代化这个实际出发,运用马克思列宁主义、毛泽东思想的立场、观点和方法,认真地全面

---

* 科学研究的方法论/陈衡著. —北京:科学出版社,1982.5

20

地总结我国图书馆管理的历史经验和教训、现实经验和教训,进而探讨出图书馆科学管理的客观规律,同时也要探讨中国图书馆科学管理的特殊规律。在研究过程中,还要借鉴其它行业的管理理论和方法,其中还包括有选择地引进国外图书馆管理的理论和方法。在研究历史和现状的结合中,在研究本国和外国的结合中建立符合社会主义国情需要,具有中国特色的图书馆管理学体系。根据我国图书馆管理的现实需要和长远的需要,图书馆管理学的主要研究任务应该包括:

一、关于图书馆管理的基本理论问题的研究

我国曾在二十年代就开始研究图书馆管理学,但是经过六十年而未建立起一套严密的科学理论体系。现在,我们要建立我国现代化的图书馆管理学,就必须弄清楚该学科的基本概念、基本范畴、基本原理、基本原则以及学科结构等基本理论问题。

二、关于系统论在图书馆管理活动中的应用研究

要使我国图书馆管理科学化、现代化,换言之,要把图书馆这个系统管理好,就必须加强对系统论的研究,尤其要研究如何把它应用到图书馆的管理过程之中。这种研究主要有四个方面:1. 系统观念也叫系统哲学,它主要是给人们提供一种全新的思维和认识方法;2. 系统管理,即从整体的角度来分配资源,组织各部分协调一致;3. 系统分析,它是解决具体问题和决策的一种技术,主要用于作业系统;4. 系统工程,它注重于新系统的设计,使原有作业得到改革或创立新的作业与服务。

三、关于决策论的应用研究

管理就是决策。科学的管理要作出科学的决策。决策贯穿于整个管理的全过程,是管理过程中的核心,是执行各项管理职能的

基础。决策的正确与否将决定着管理的成败,同样,决策的及时与否也将对管理效果发生重大影响。因此,图书馆管理学理论当然也要把对决策论的应用研究作为自己的研究任务之一。

四、关于运用"行为科学"理论的研究

众所周知,行为科学的出发点是一个组织如何对它的成员进行组织、管理,以期达到预定的目标。因此,就要研究"人际关系",要讲究领导艺术,研究人的因素、人的行为,目的在于极大地调动组织内所有成员的积极性和创造性,提高工作效率,提供优质服务。

五、关于图书馆体制的研究

这一方面的内容包括两个层次——一是整个图书馆事业的体制问题,显然要建立起集中统一的领导体系;二是一个图书馆内部的组织结构问题,显然要使各馆的组织结构科学、合理,以形成一个高能量的有机体。

六、关于图书馆网络化的研究

既要从传统的图书馆协作网起步,加强各馆间的协调合作,又要着眼于电子计算机的检索网络。有了这两个网,就可以实现高层次的图书馆管理,就可以从整个图书馆事业这个大系统上实现科学管理,在全国以至全世界的范围内实现图书情报的"资源共享"。

七、关于现代科技成就的应用研究

为了提高图书馆管理工作的效率和质量,为了提高图书馆管理的科学性和可靠性,应该对数学、运筹学、计算机技术、信息论、控制论、系统工程等在图书馆管理活动的应用进行深入的研究,使

现代科学的最新成果能得到最迅速的应用。

八、关于定标管理、定额管理、计量管理和标准化管理的研究

有了这几个管理,就会使图书馆的管理活动建立在坚实的、精确的、规范的基础之上,从而使管理更加科学化。

九、关于图书馆工作的经济效益的研究

图书馆管理学要重视图书馆服务效果的研究,其中包括经济效果的计算单位、计算标准和计算方法的研究。

十、关于图书馆人员结构合理化研究

图书馆管理学应该联系我国国情、我国图书馆的实际状况和我国图书馆人员结构情况,从科学管理的前提要求出发,探索出一套我国图书馆人员结构的基本模式。这是它义不容辞的义务,也是它的一项紧迫而又重要的研究任务。

思考题

1. 图书馆管理学研究的具体内容有哪些? 它们与图书馆学研究内容有什么不同?
2. 你认为什么是图书馆管理学? 它能否成为一门独立学科? 为什么?

本章参考文献

1. 试论图书馆的科学管理/郭星寿著//图书馆通讯. —1980(3)

2. 关于图书馆管理的意义、目的、内容和方法/汪恩来,张德芳著//四川图书馆学报.—1981(3)

3. 图书馆科学管理要旨/于鸣镝著//吉林省图书馆学会会刊.—1981(4)

4. 试论现代化图书馆管理/黄宗忠著//武汉大学学报(社科版).—1981(6)

5. 系统工程在图书馆工作中应用的初步设想/丁惠龄著//图书与情报.—1982(1)

6. 试谈对图书馆科学管理的认识/张磊著//图书与情报.—1982(1)

7. 要重视对图书馆管理学的研究/潘皓平著//图书馆杂志.—1982(1)

8. 建立和发展我国图书馆管理科学/黄宗忠著//武汉大学学报(社科版).—1983(5)

第二章 图书馆系统分析

第一节 图书馆系统的内部结构

图书馆是一个系统,它从属于另一个大系统,同时它又是其它一些子系统的元系统。

有各式各样的系统,图书馆属于哪种性质的系统呢? 图书馆是一个人工的系统而不是一个天然的系统;是一个开放的系统而不是一个封闭的系统;是一个动态的系统而不是一个静止的系统;是一个可适应的系统而不是一个不可适应的系统;是一个可控制的系统而不是一个不可控制的系统。

图书馆内部的结构怎样呢?

如果按照工作程序划分,它大体上包括:

1. 支持分系统,其中包括常规支持子系统(采访、分编等)和特别支持子系统(复制、互借等);

2. 运行分系统,其中包括直接运行子系统(典藏、外借、内阅等)和间接运行子系统(参考、咨询、代译等);

3. 扩展分系统,其中包括研究子系统(图书馆学情报学理论及工作方法的研究、新技术应用研究等)和培训子系统(脱产培训和在职培训等);

4. 指挥分系统,其中包括信息子系统、反馈子系统、决策子系统和控制子系统等。

如果按性质划分,它大体上包括:

1. 目标子系统,其中包括图书馆的战略目标、各部门的策略目标和工作人员的个人目标等;

2. 技术子系统,其中包括图书馆设备与用具、图书馆工作方法、操作规程和业务知识等;

3. 工作子系统,其中包括各项业务活动;

4. 机构子系统,其中包括馆内各部间的工作组合等;

5. 人事子系统,其中包括工作人员的技术与能力,领导的管理思想、方式和要求,个人在集体组织中的作用等;

6. 信息子系统,其中包括情报的收集、存贮、分析、传递和利用等。

如果按内容划分,它大体上包括:

1. 决策子系统;

2. 控制子系统;

3. 管理子系统;

4. 藏书建设子系统;

5. 藏书使用子系统;

6. 情报服务子系统,等等。

总之,图书馆是个多层次的系统。研究图书馆系统内部结构的目的,全在于了解其性质,掌握其特点,明确其作用,发挥其职能,并使它们彼此有机配合,以便取得大系统的功能远远大于各子系统功能的总和,从而获得管理的最佳效果。

第二节　图书馆系统管理的原理

图书馆既然是一个系统,那末,系统论的基本原理对图书馆实行科学管理也是适用的。现在,我们结合图书馆的工作分别阐述以下七个原理。

一、系统原理

从上一个节中我们知道,图书馆系统是一个多层次的、完整的、统一的有机整体,只有各个分系统以至每个子系统都实现了最佳化管理,都发挥出最大功能时,由它们组成的图书馆这个大系统的功能才能大于各子系统功能的总和,从而实现整体管理的最佳化。

由此可见,图书馆的科学管理必须紧紧抓住本身工作的最终目的,每项工作都不能仅仅从自身目的出发,而应当时时刻刻记住大系统的总目标并共同为之努力。这就是全局观点。

管理人员,尤其是上一层乃至最高层次的管理人员,不能头疼医头,脚疼医脚,更不能拆东墙补西墙。例如,降低拒借率,提高流通率,这是全馆的事情,单靠哪一个或哪几个部(组、科、室)都是无法解决的,只从有采购一直到流通每一个子系统互相配合,统一行动,步调一致,方能奏效。

图书馆的科学管理必须具备层次性,这是因为各子系统都有自己的功能,独特的任务。它们彼此之间,职责必须明确,范围必须清楚,不能你踢我推,也不能你争我夺,更不能上下不分、越组代庖。例如馆长,他是管理系统的上层,其职责不但与馆员不同,与他的副手也不相同,他们各在其位,各司其职;他既不应大包大揽,也不能撒手不管。必须明确,整个图书馆工作是由许多部分组成的,每个部分都有自己的作用,少了哪一部分也不行,谁也不能取代谁,谁也不能排斥谁,谁也不能离开谁,谁也都得依靠谁。

二、整分合原理

现代的高效管理,必须在整体规划下明确分工,在分工的基础上进行有效的综合。这就是整分合原理。图书馆要实行科学管理,也应当贯彻这一原理,否则,不了解整体总目标,不掌握大系统运动规律的分工,结果是分家,彼此互不通气,前后不相衔接,你干你的,我做我的,你按你的原则采购,我照我的规则分编,他用他的办法借阅,至于读者方便不方便,整个工作流程和谐不和谐,无人负责。结果必然是盲目而混乱,分散而没有中心。反之,不论什么工作,不管哪道工序,大家七手八脚,蜂拥而上,也不行。结果又会是吃大锅饭,工作效率越来越低,出工不出力,出力不出活……。因此,要实行科学管理,就要实行整分合原理,不单部门之间要分工,而且一个部门中的各个工作环节之间以至一个工作环节的各个工序之间也都要分工。分工而后合作,构成一个完整流程,一个闭合的回路。

三、互补原理

管理学认为,"只要有两个或两个以上的人为了完成他们中任何一个人都不可能单独完成的目标而把他们的努力和资源结合在一起时就需要一个管理过程。"*这里说的正是管理活动中的互补原理,对于图书馆的科学管理来说,也是完全适用的。

说明互补原理的最通俗例子就是关于"跛盲共生"的传说。正如巴尔扎克所说:"单独一个人可能灭亡的地方,两个人在一起就可能有救。"

在图书馆的管理中,不仅馆长同书记要互补,馆长与副馆长要互补,而且部主任之间、班组长之间、馆员之间以及各部之间和各组之间都要互补,都要配合。大家只有分工,不应有分家,都应该是相辅相成的。

在图书馆工作当中,各个部门、各个工种以至各道工序之间,

---

* 管理学基础:职能·行为·模型/(美)小詹姆斯,H.唐纳利等著;李柱流等译.—北京:中国人民大学出版社,1982.1,第5页

都要互补,协调一致,密切配合,以保证图书馆这部大机器能够正常运转。如果图书馆中各摊工作之间全部贯彻了互补原理,那末,工作效果就好,成绩就大,就能使 1 + 1 + 1 + 1 = 4K 公式中的 K 值增大,结果是,1 + 1 + 1 + 1 > 4;反之,如果违背了互补原理,那末工作效果就差,成绩就小,就能使 K 值减小,结果是 1 + 1 + 1 + 1 < 4。这一原理,表现在各个方面。

1. 采购工作内部要"互补"。

①图书采购与期刊资料的采购之间要互补;

②中文书刊采购与外文书刊采购之间要互补;

③内部收订与公开预订之间要互补;

④进馆书刊资料与对外交流书刊资料之间要互补等等。

不互补,就互不通气,互不了解,结果必然是重复或遗漏,整个藏书体系就会支离破碎。

2. 分编工作内部要"互补"。

①分类与编目之间要互补;

②中文图书分类与外文图书分类、中文图书编目与外文图书编目之间要互补;

③各种目录之间,例如读者目录与公务目录、分类目录与主题目录、分类目录与书名目录、书名目录与著者目录等等之间都要互补。

不互补,就互相扯腿,互相脱节,结果必然是割裂、孤立,无法形成有效的检索体系。

3. 流通工作内部要"互补"。

①典藏工作与外借工作之间要互补;

②外借工作与内阅工作之间要互补;

③内阅当中的"开架"方式与"半开架"方式或"全闭架"方式之间要互补。

不互补,图书流通速度就缓慢甚至被堵塞而不流动,结果是流通范围缩小,流通效果下降,书刊资料无法得到充分的利用。

4. 咨询工作内部要"互补"。

①资料的搜集工作与书目编制工作之间要互补；

②书目编制工作与书目报导工作之间要互补；

③检索工作与咨询工作之间要互补；

④检索工具中，自编检索工具与现成检索工具之间要互补。

不互补，资料就不全，检索体系就不完备、不严密，结果是要咨询但资料不足，即使有些资料但检索效果差。

由此可见，离开了互补原理，是很难把图书馆办好的，或者说，要实行科学管理，就必须贯彻"互补原理"。

四、反馈原理

把输出的一部分再输送回来，以便同原来规定的标准值进行比较，随时发现偏差，及时加以纠正，予以适当控制，以达到预定目标，这就是反馈原理。原因产生结果，结果又构成新的原因和新的结果。这就是说，反馈在原因和结果之间架起了桥梁，在因果性和目的性之间建立了密切联系。例如，图书馆里的任何一项工作，只要做，就会产生结果，而这个结果同预定的目标比较起来，一般来说，总是有差距的，于是有了反馈。指挥系统根据反馈回来的信息，经过分析然后做出判断，最后采取措施加以控制……这样，不断总结，不断纠正，不断改进，不断提高。仍以拒借率为例，问题一经出现，就要根据反馈情况回过头来从每一个环节查找原因：

（一）采购上的原因

1. 采购原则不明确，收藏范围不得当；

2. 没有购到或没有购足：①经费不足；②书源不足；③采购员遗漏：(a)业务不熟练，(b)责任心不强，④建馆前的书刊不易补购。

（二）分编上的原因

1. 没有查重因而造成同书异入；

2. 业务不熟因而造成分编错误；

3. 多卷书的复分号不统一;

4. 没有及时分编;

5. 加工有错误;

6. 工效低,分编慢;

7. 目录混乱:①体系不健全,不能进行多元检索;②目录组织不科学,因而查准率和查全率低;③由各种原因造成的书卡不符;④宣传辅导不够。

(三)典藏上的原因

1. 排架错误:①馆员排错;②读者放错。

2. 保管不善,书刊丢失;

3. 正在修补或装订;

4. 上架不及时:①新书上架不及时;②归还的书未及时上架。

(四)流通上的原因

1. 过期不还:①制度不健全;②执行制度不力;③读者违章。

2. 阅读要求集中:①复本少;②调配不当或不及时;③宣传推荐不够。

3. 阅读要求特殊;

4. 流通过程中破损;

5. 借还过程中的差错。

(五)工作上的原因

1. 工作能力低;

2. 服务态度差;

3. 本身违章。

找出问题,分析原因,以便采取措施,加以控制。

由此可见,实现科学管理的关键一环在于建立一个灵敏的、准确的、有力的反馈系统。为此,就必须:

1. 广开言路,始终坚持民主管理;

2. 组织机构的层次不宜过多,因为多一个层次就多一道程序,

多一个人就多一个故障因素,就增加信息能量的消耗,就要降低信息的真实性;

3. 建立研究机构或业务参谋班子,专门研究业务工作,解决实际问题;

4. 权力不宜过于集中,也不能过于分散;

5. 切忌"长官意志",要靠智囊献策,要听谋士的异议。

五、封闭原理

一个系统的内部,就其管理手段来说,必须构成一个连续不断、首尾封闭的回路,这样才能形成有效的运动,这就是所谓的封闭原理。图书馆工作要实现科学管理,也必须形成一个回路。就图书馆工作而言,"聚集而后始能整理,整理而后始能应用,应用而后始求聚集。此三者,如阶之级,链之环,彼此维系,互为因果,不可废其一也"。*

其基本情况如下图所示:

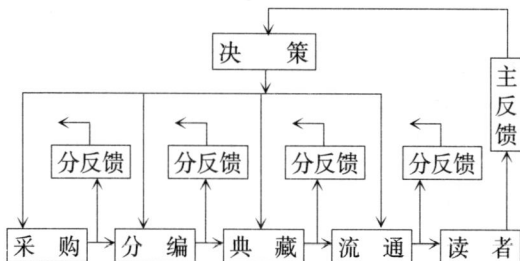

图书馆管理工作反馈示意图

反馈原理要求各级管理系统在机构上应该是封闭的,有决策

---

* 图书馆采访学/顾敏著.—台湾:学生书局,1981.2

机构、执行机构、监督机构、接受机构和反馈机构,这样才封闭,才完整,才能构成一个回路,才能保证信息畅通无阻。在工作上就应该有布置、有总结、有检查、在办法上就应该有奖励、有批评,也有惩罚,这样才能正常运行。

获得反馈信息的主要途径有二条:1. 主反馈——读者意见簿——读者座谈会——读者口头意见;2. 分反馈——统计表格——情况汇报会——业务讨论会。

六、能级原理

任何系统都存在着能量。不同系统所存在的能量是不同的。不仅如此,就是同一系统内部,因为系统存在不同的层次,所以不同层次的能量也是不同的。不同的能量将发挥着不同的作用。那末,怎样充分发挥不同机构、不同人员的能量呢?关键在于区别对待,让每个子系统和每一个工作人员都"在其位,谋其政,行其权,尽其职,取其酬,获其荣";若违反规章制度,阻碍工作开展,还要惩其误。否则,搞平均主义,搞人事关系上的综合平衡,搞关系学,吃大锅饭,就是对管理的破坏。应该让人的能级与工作的等级对应起来,而这种对应是动态上的、变化中的、发展着的对应。这样,就符合实际,有利于调动人员的积极性。

七、弹性原理

办事应当留有充分的余地,管理必须保持足够的弹性,以便在出现未曾预测到的新情况的时候能够采取补救办法和应急措施,从而确保决策的贯彻,任务的完成。局部有局部的弹性,全局有全局的弹性。要多几种方案,多几番考虑,多几套办法,多几手对策,尤其在关键的环节上要留有相当大的余地。例如在预算经费开支时,在制定劳动定额时,在规定任务完成期限时,在确定工作人员定向时,都必须这样做。这样就较少被动、较少失败。

通过以上分析,我们可以看出,衡量图书馆科学管理水平高低标准大体上有四点:

1. 看图书馆员、书刊资源、仪器设备合理组织程度如何——组织得越合理,越科学,其水平就越高;

2. 看图书馆整个工作流程畅通程度如何——越是畅通无阻,其水平就越高;

3. 看消耗和效果的比例如何——消耗越小而效果越大,其水平就越高;

4. 看图书馆中各项工作尤其是各项业务工作的标准化程度如何——越是符合规格化、标准化、计量化和机械化,其水平就越高。

如果从图书馆事业的全局上看,要实现其科学管理,就应该做到以下十点:

1. 实行集中领导,统一指挥,即管理领导的集中化;

2. 健全管理机构,即管理组织的系统化、网络化;

3. 采用现代化管理方法,即管理手段机械化和自动化;

4. 不是靠行政命令而是用科学方法实行管理,即管理思想的现代化;

5. 尊重科学技术,即管理的标准化、规格化和计量化;

6. 用法和规章制度统一大家的行动,即管理方法的立法化、制度化和条例化;

7. 合理配备工作人员,即专业队伍结构的革命化、年轻化、专业化和知识化;

8. 馆际之间互通有无,资源共享,取长补短,相得益彰,即馆际协作的扩大化和国际化;

9. 保证用品设备的生产和供应,即图书馆用品生产的社会化和企业化;

10. 在整个管理过程中始终做到心中有数,按计划进行,即管理过程的计划化、条理化和高效化。

思考题

1. 图书馆是一个什么样的系统？它的内部结构如何？
2. 对图书馆进行科学管理时应遵循哪些原理？请结合实际加以说明。
3. 在图书馆工作当中有哪些是违背了图书馆系统的管理原理？请举出实例。

本章参考文献

1. 图书馆系统分析/陈源蒸编著. —油印本. —北京：北京大学图书馆,1981
2. 科学学 管理学 人才学简明教程/周吉,陈文编著. 武汉："潜科学"联络站. —1980
3. 图书馆科学管理要旨/于鸣镝著//吉林省图书馆学会会刊. —1981(4)
4. 图书馆工作中的反馈/夏放著//中国图书馆学会第二次科学讨论会论文

第三章 图书馆科学管理的原则

第一节 图书馆科学管理的意义

管理是一门科学。管理对于生产起放大的作用。管理在一定的意义上可以说是社会生产力的重要方面。

管理是发挥人力、物力、财力最大效能的一种艺术,是在一定的前提下,为了实现预定的目标,组织和使用各种资源的过程以及在整个过程中所采取的各种决策。应用科学的方法,合理地组织和最大限度地发挥各种资源的作用以达到预定目标,就是科学管理。应用现代科学理论特别是管理学的理论和方法,遵照图书馆事业和图书馆工作的固有规律,合理地组织和最大限度地发挥图书馆的人力、物力、财力等各种资源的作用,以便更好地体现其方针,完成其任务,这就是图书馆的科学管理。而图书馆科学管理的理论化和系统化就是图书馆管理学。

实行科学管理,这是图书馆工作的客观要求,换句话说,要大力发展图书馆事业,要使图书馆工作成为实现四个现代化的"耳目"、"尖兵"和"参谋",就必须实行科学管理。这是因为:

1.图书馆工作和图书馆事业是整个社会主义事业的一个有机组成部分,它同全国各行各业都发生着密切的联系。因此,在国民经济各部门都实行或加强科学管理的条件下,如果图书馆工作不实行或不加强科学管理的话,势必就要拖四个现代化的后腿。因此,必须把图书馆办成一个社会事业,建立一个遍及全国各地、由各种类型和各种规模的图书馆组成的图书馆网,并加强对整个图书馆事业的科学管理。

2. 由于现代科学技术的迅猛发展,世界上的文献量尤其是科技文献量急剧增加。要对数量庞大、内容复杂、载体多样的书刊文献资料进行准确的挑选和科学的整理,以便广、快、精、准地把它们提供给广大读者,就必须对采购、分类、编目一直到保管、流通、参考等一系列业务工作实行科学管理。

3. 图书馆的科学管理和图书馆的现代化是紧密联系在一起的。不实行科学管理,不提高管理水平,不掌握管理艺术,即使有了现代化的技术设备,也不能发挥出应有的作用。

第二节　图书馆科学管理的原则

实现我国图书馆事业和图书馆工作的科学管理应该遵循哪些基本原则呢?

一、全面质量管理原则

所谓"全面",就是说,管理不但是业务上的管理,而且还要在政治思想上、书刊资料上、库房设备上、规章制度上、机构体制上、工作组织上、经费开支上以及工作人员的配备、培养和教育上等许多方面都实行科学管理,保证全面的高质量。

所谓"全面",就是说,在图书馆工作的全过程自始至终都要实行科学管理,不但在初始规划阶段,而且在调查研究阶段、执行任务阶段以及检查效果阶段等每一个阶段都要实行科学管理。不仅如此,就是在每一个阶段中每道工序上也都要实行科学管理。

所谓"全面",就是说,不但馆长要管理,而且部主任、班组长以至每个馆员乃至读者都要参加图书馆工作的管理,即实行民主管理或称作管理民主化。

至于说到"质量",则是与数量相对而言的。管理过程是要抓住数量(例如各种"量"、"率"等等),但是更重要的是应注重质量上的要求。光抓数量不抓质量,结果什么也抓不到,搞不好。道理很简单,例如,质量不高甚至很差的图书(这主要指那些读者很少用或者根本不需要的书,例如研究甘蔗栽培法的书对于航海院校的学生)收藏的再多有什么用? 分编的再准、再快有谁去查找? 其上架再及时有谁去借? 或者相反,读者非常急需的书但分编不准甚至错误,读者因此而查找不便甚至检索不到,这种数量有什么价值? 因此,管理要保证质量,在保证质量的前提下追求数量,提高效率。

二、集中统一管理原则

"集中"、"统一",这是社会主义图书馆事业实行科学管理的重要原则,它完全符合列宁关于社会主义图书馆事业建设的基本思想。列宁把集中管理图书馆事业称为建立有计划的图书馆网的最完善的形式。1918 年 6 月 7 日列宁起草的人民委员会《关于建立图书馆事业》的决议中建议教育人民委员部迅速"采取最有效的措施……对俄国图书馆事业实行集中管理"。*

从管理学角度看,没有集中就势必分散,分散多头,就缺乏全局和整体观点,结果就无统一可言。离开了集中统一管理,就直接违背了系统论中的集体性原则,各项工作无法协调。

集中统一,它包括两个方面,其一是对图书馆事业的建设要进行集中管理。只有集中了,才能便于协调全国各系统、各地区、各类型图书馆的工作,才能统一大家的步调,才能有目的地规划和布

---

* 列宁全集 第 36 卷/(苏)列宁著.—北京:人民出版社,1957 年,第 45 页

局全国的图书馆,从而组成图书馆网,并为将来建立全国的自动化检索网打下基础。当然,这种集中统一并不是束缚各系统各类型图书馆的手脚,而是有助于进一步发挥它们的积极性。其二是对图书馆业务工作实行集中管理。只有集中了,才能在全国图书馆的范围内推行业务工作的规格化和标准化,例如统一分类和集中编目等等。

在贯彻"集中统一管理原则"的时候,要正确处理好党的领导作用和业务管理工作的关系。实践证明,不断完善和健全党组织领导下的馆长负责制是行之有效的制度。

要真正实行"集中统一管理",还必须形成"管理权威"。当然,管理权威是在长期管理的实践中形成起来的,它是由善于听取并采纳群众的正确意见和合理化建议,依靠大家的智慧作出正确决策的人们组成的。这样的管理权威才名副其实,才能把"集中统一管理"和"民主管理"有机地结合起来,团结、率领大家,干好工作。

三、民主管理原则

社会主义图书馆科学管理的显著特点是民主管理。就是吸收图书馆工作人员和读者参与图书馆的管理工作,倾听他们的意见,采纳他们的合理化建议,充分发挥人民群众主人翁作用。实行民主管理,有助于克服官僚主义和避免形式主义,有助于加强图书馆同社会需要之间的联系。

列宁曾经强调指出,必须反对一切死板公式和想由上面规定统一办法的企图……。无论是死板公式或者由上面规定统一办法,都是与民主的、社会主义的集中制毫无共同之点。列宁这一指示精神,对包括管理图书馆在内的一切管理活动都是适用的。

实行民主管理,就要牢固树立民主管理的思想,并在组织上形成一种制度,成立相应的机构,例如,建立"图书馆民主管理委员会"，由馆长、各部主任和馆员群众代表组成一个业务咨询机构；实行"职工代表大会"制度；健全工会组织；逐渐实行民主选举馆内领导人等等。总之，作为馆长分工负责制的一种补充，民主管理机构将参与图书馆管理中有关问题的调查、讨论以至实行必要的监督。

四、计划管理原则

根据社会主义有计划、按比例发展国民经济的原则，图书馆的科学管理也应该实行计划管理。它的发展既不能超越经济基础的许可程度，也不能长期落后于经济发展的实际水平。要想发展就必须同它相适应。就图书馆本身而言，同样地要按照一定的计划去发展，而不能盲目地发展。这已为许多事实所证明。

五、经济管理原则

注重经济效果，就要注重研究如何科学地使用人力、物力、财力并充分发挥它们的作用，建立起一个最优化的藏书系统以及与之相适应的各种合理的规章制度和条例等，核心问题是用最少的经费购补到读者最需要的书刊资料，用最经济的手段对它们进行加工整理，用最快的速度或最短的时间向读者提供文献资料，并使它们在读者手中发挥最大效用。要遵照列宁的教导："尽量节省人力和最有效地使用人民的劳动。"为此，要以"效果好，收效早，投资少"为目标。

六、计量、标准管理原则

这一条包括定标管理、定额管理、计量管理和标准化管理。所谓定标管理，就是根据图书馆的总任务和工作计划，规定每一个图书馆工作人员在相对的某一段时间里要达到的目标、完成时间以及考核方式，定期检查、评比，并依此予以奖励或批评的办法。所谓定额管理,就是规定一个工作人员在单位时间里必须完成的一定工作量,要保质保量完成任务,超额的有奖,没完成的受罚的管理办法。当然,无论定标管理还是定额管理,都要从实际情况出发,不能定得过高,也不能定得太低。所谓计量管理,就是通过数据对工作的进度和效果进行分析、考察。要真正实行这种管理办法,还必须建立一整套的统计制度和数据分析法。实行标准化管理,就要使一切工作都符合一定的标准、规格,使工作走上规范化的轨道。

很显然,实行了定标、定额、计量和标准化管理,工作就有了具体的目标,就有考查的依据,就能保证大家出工出力、保质保量、提高工效。

实行定额管理办法,需要许多条件,例如思想觉悟、经济力量、技术能力、人力资源、设备条件等诸多方面的相互配合方能奏效。此外,我们应当指出,定额管理在图书馆业务工作中的实用范围还不是很宽,对于那些比较简单的、具体的、可数的业务工作是实用的,而对于那些比较复杂的、抽象的、不可数的业务工作,就很难实行定额管理。

到目前为止,在实行或部分实行定额管理的图书馆当中,由于计量方法不甚科学,统计指标也欠精确,数据众多、手续繁琐,所以实际效果不太理想,有待于进一步研究改进。我们相信,"定额管理"在工矿企业的生产当中能够获得成功,在图书馆的工作中也一定能取得成效。

与此有密切关系的还有岗位责任制管理法,我们将在第八章中详细讨论。

思考题

1. 怎样贯彻图书馆科学管理的六条原则？试联系实际说明之。
2. 你对定额管理怎么看？

本章参考文献

1. 图书馆应该实行全面质量管理/李仲光著//新疆图书馆学会会刊.—1980(2)
2. 浅谈图书馆科学管理的基本原则/郭星寿著//图书馆工作与研究.—1980(4)
3. 浅谈图书馆的民主管理/周祖汉著//宁夏图书馆通讯.—1982(1)
4. 图书馆科学管理诸原则/于鸣镝著//图书与情报工作.—1983(2)

第四章　图书馆科学管理的体制

第一节　建立健全图书馆科学管理体制的意义

这里的管理体制包括两个方面。一是指整个图书馆事业的管理体制；一是图书馆内部的组织机构。但是，不管是图书馆事业还是单个图书馆，建立和健全其管理体制则是实现科学管理的前提。

对于整个图书馆事业来说，科学的管理体制是贯彻党的方针政策，全面履行图书馆为四化服务的社会职能之最重要的手段和组织保证。对于一个具体的图书馆来说，它是有效组织全体人员，为达到同一个目标，有序有效地劳动与合作，实现科学办馆的重要环节。总之，"一个体制得法、机构健全、职掌有序、权责分明、指挥灵活、联系紧密、统一协调的管理体系所能发挥的功效，就不仅仅是各个单元之总和，而是几何法则之延伸"。* 归纳起来，建立和健全图书馆科学管理体制的意义有以下几点：

1. 有利于改变我国图书馆事业目前存在的多系统相互之间缺乏联系和协作、分散多头的状况；

2. 有利于改变我国各系统、各地区、各类型图书馆的发展缓慢以及发展不平衡的状况；

---

* 图书馆工作管理科学化概论/辛希孟,江乃武编著.—长春:吉林省图书馆学会,1981

43

3. 有利于改变我国图书馆事业的落后状态,以适应社会主义四个现代化建设的迫切需要;

4. 有利于建立全国统一的图书馆网和实现图书馆自身的现代化。

第二节 图书馆科学管理体制的若干原则

在建立和健全图书馆管理体制时应遵循哪些原则呢?根据国内外的一些做法,以下几点是值得参考的。从领导上看,最好应该试行:

一、全权领导制

全权领导制是一种新的、行之有效的领导体制。首先应该明确,所谓"全权领导",就是领导对其授权的组织负全部责任。这样的唯一领导体制要比政出多门,摩擦丛生的多头领导体制优越得多。

现在迫切需要建立一个能对全国各地区、各系统、各类型图书馆进行指挥领导、全面规划、合理布局和统筹安排、统管全国的图书馆事业的政府部门或称职能机构,对全国图书馆进行"全权领导"。

二、集体领导制

所谓集体,是一个由有限人数组成的领导集团;所谓领导,是对所管机构实施的大政方针所进行决策。由集体作决策,就能保证决策的正确性。这一点与"馆长负责制"并不矛盾,而是相辅相成,二者互为补充,相得益彰。

"集体领导制"和下述的"个人负责制"是一个问题的两个方面,二者有机结合起来,与"民主集中制"原则在精神上是一致的。

三、个人负责制

所谓个人，就是领导集团所充分信赖的人，他们可以是主要负责人，也可以是某方面工作的专职负责人。把责任落实到个人，就有责任感，就能保证全部决策的贯彻执行。所谓负责，就是负责人向领导集团负责，而且负有全部责任。全责，就是全权，就是指挥一切。这完全符合列宁关于社会主义的生产要求"无条件的和最严格的统一意志"*的精神。这一原则在图书馆的具体运用就是实行党组织领导下的"馆长负责制"（参见第四章第五节）。

四、内行管理制

现代管理，必须是管理专家、业务内行的管理，而不是群众的集体管理。列宁曾经深刻批判过所谓集体管理的思想，他写道："关于集体管理制的议论，往往贯穿着一种极愚昧的精神，即反对专家的精神。"**许多图书馆的领导班子中都配备一名精通图书馆学的人，或当馆长主持全面工作，或专抓业务工作，就是这一原则的体现。

五、智囊参谋制

领导集团成员由所在组织中水平最高的管理专家和业务内行组成，但它还必须有各种形式的"智囊团"或"思想库"（Think Tank）提供方案，参与决策。作为咨询机构的"图书馆委员会"，由各部主任或部分业务骨干参加的"馆长办公会议"以及由"采购人员、流通人员和读者"组成的"选书小组"等，都属于馆长的"智囊"，都不同程度地起到参谋作用。

---

* 列宁选集　第3卷/列宁著.—北京：人民出版社，1972.10，第520～521页

** 列宁全集　第30卷/（苏）列宁著.—北京：人民出版社，1972.10，第419页

如果从机构设置上看,还应该考虑到:

一、合理合法、目标明确

机构设置的客观依据是它的目标,即根据图书馆的方针、任务来确定,而不是相反。这就是所谓的"合理"。而所谓"合法",就是设司授权时,要有立法依据,决不允许随心所欲地因人设事。例如公共图书馆可以参照 1978 年 11 月 13 日国家文物局颁布的《省、市、自治区图书馆工作条例》(试行草案);科学院系统图书馆可以参照 1978 年《中国科学院图书情报工作暂行条例》(试行草案);高校图书馆可以参照 1981 年 9 月 15 日通过的《中华人民共和国高等学校图书馆工作条例》的有关规定精神,结合本馆的具体情况,例如专业、规模、类型等研究设置。

二、纵横兼顾、立足有效

图书馆的机构从纵的方面,可以分成高、中、初三个层次,从横的方面则是各同级组织分工合作,各负其责。

三、上下制约、权责相称

图书馆内部上下级之间要处于"授权"与"负责"的关系之中,即"专责的个人必须是由授责授权的领导集团任命。如果专责的个人不同意领导集团的决策,允许他辞职,但不允许他不执行。不执行领导决策的或无能力执行领导决策的,领导集团有权对他们进行相应的处理,直至撤换。上级可以干预领导集团的任命及其决策,但不得干预领导集团对实施决策的专责个人的处理和任免"。*

---

* 领导科学基础/夏禹龙等著. —南宁:广西人民出版社,1983.5,第 29 页

四、层次得体、节制有序

一般来说,组织层次的划分均以便于指挥和控制为标准。层次多,所辖单位少,虽然便于进行周密的监视,但命令不易传达,指挥也欠灵活;反之,层次少,所辖单位多,虽不易进行周密监视,但便于传达命令,指挥也较灵活。

关于层次的多少和管辖人数,国际著名管理学家费约提出,如果十五个工作人员有一个"班长",那末每四个主管人就应有一名高级主管。

在那些组织合理而又严密的企、事业中,每个主管人员直接所管辖人数都有一个"最大值",即除了基层工作人员最多可管二十人外,一般以不超过五人为好(最多不得超过十三人)。由此可见,省、市级公共图书馆的层次设三、四级就足够了。

层次	人数
S	15
S_1	60
S_2	240
S_3	960
S_4	3840

结构层次多好? 少好? 管理跨度窄好? 宽好? 这关系到管理功效和人际关系。所以,应使机构相对稳定,保持平衡。

第三节　图书馆事业的管理系统

建立和健全全国统一的图书馆事业的管理系统是实现国家对图书馆进行科学管理的前提条件。社会主义图书馆事业尤其需要一个从上到下的、能够组织和指挥各地区、各系统、各类型图书馆的管理系统。

一、中央职能机构

在全国,最好成立图书馆情报事业的中央职能机构,由它统辖或协调目前分属于"图书馆事业管理局、国家出版局和国家档案局以及正在拟定和组建中的国家情报局",管辖而需要统一管理的那些图书情报事务。在其下酌设:

"法制政策研究室":专门研究、制定有关的法规并保证其贯彻执行;

"计划统计局":全面规划、统筹安排全国文献事业的经费、机构和干部,并进行统计工作;

"干部司":负责图书馆事业的管理体制、机构设置,负责专业干部培训、职称评定、技术考核、提升晋级等;

"协调局":负责以上有关各局(室)间以及同文化部、教育部、科学院、档案局等有关部门之间的关系。

这是一场深刻的改革,其组织工作是十分复杂的,因而需要一个拥有政府权力的部门或机构作出具体规划,并根据规划进行艰巨细致的组织工作。国家图书馆是一个国家图书馆事业的中心、即图书馆资源中心、国家书目中心、国际互借中心、国际交流中心、图书馆现代化中心、图书馆网络中心以及全国图书馆学研究中心等等,对全国图书馆事业的发展起重大作用。根据我国情况,北京图书馆实际上就是"中国图书馆",成为我国各系统、各类型图书馆开展各种协调活动的组织者,而且在全国图书馆网的建设中发挥核心作用。

二、地方各级职能机构

省、市、县三级应建立地方级的职能机构,统一管理各地方的图书、情报和档案工作。

各省、市、自治区的中心图书馆委员会和系统的中心图书馆委员会也应成为本地区、本系统图书馆间协作和协调活动的直接组织者。

三、基层图书馆领导机构

由它们负责组成各自的领导班子并实行馆长分工负责制。大型图书馆通常设馆长一人,主管行政、业务和后勤工作的副馆长各一人;中型图书馆则设馆长一人,副馆长二人;小型图书馆则只设馆长(或称主任)一人,全权负责全馆工作。

第四节　图书馆组织机构的设置

一、图书馆组织机构的作用

1. 便于领导

组织和领导是分不开的,没有组织就无法领导,要领导就必须通过组织。只有组织好,才能领导好。有了合理的组织机构,才可能分层管理,分工负责,更好地贯彻自上而下和自下而上的民主集中制的领导方法。

2. 便于开展工作,提高服务质量

将性质相同或相近的工作组织在一个部门,工作起来就可以节省往返的时间,简化手续,减少层次。这样做,不仅能提高工作效率,而且可以避免由于程序过繁而出现差错,提高工作质量。不但如此,还可以有利于培养干部的特长,发挥他们的专长,收到"用最少的人办最多的事"的最佳效果。

3. 是图书馆贯彻执行其方针任务不可缺少的前提

图书馆的组织机构对于搞好劳动组织,配备图书馆工作人员,拟定工作计划,制定规章制度,合理地使用经费以及做好各项工作,完成图书馆的方针任务,都是必不可少的前提。

二、图书馆机构及其职能

在图书馆的管理工作中,机构的设置是重要的一环。大型和中型图书馆通常设立领导机构、行政机构和业务机构。

1. 领导机构

①党组织。视党员数量多少分别成立党小组、党支部和党总支,对图书馆的业务工作起监督、保证作用。

②馆长办公室。由馆长一人和副馆长若干人以及办公室主任或秘书组成。负责全馆业务工作的组织和领导工作。

2. 行政机构

行政机构包括行政、财务和后勤等方面的办事部门。

3. 业务机构

①业务办公室。主要任务是协助馆长处理日常行政业务工作,负责全馆的业务统计,管理业务档案等等。有些小馆可以设业务秘书。*

②采访部(组、科、室)。主要任务是根据图书馆的性质和任务及读者需要不断按计划采购和补充新书,建立本馆的藏书体系。这是图书馆业务工作的首要环节,是其它业务工作的物质基础,对藏书质量和服务能力将发生最直接的影响。因此,馆长必须重点抓好这一环。

③编目部(组、科、室)。主要任务是对图书资料进行分类、编目、加工、组织目录等整理工作,为图书的流通借阅作必要的准备。其基本要求是准确、迅速而且容易为读者所利用。

---

* 参看《江苏省市图书馆工作条例》(试行草案)

④流通保管部（组、科、室）。主要任务是开展图书文献的外借（包括馆外流通，如馆际互借等）工作，直接为读者服务。这是图书馆工作的第一线。

⑤阅览部（组、科、室）。主要任务是在馆内开展书刊资料的阅览工作。这是与流通保管部对应的另一条战线。它的借还周期短、频率高，接待读者人数不亚于借书处甚至有过之，解决读者的问题快，是图书馆为读者服务的一个重要部门。

⑥参考咨询部（组、科、室）。主要任务是开展书目参考、解答读者咨询及各种专题服务工作，通过二次文献和三次文献为读者提供资料或线索。

⑦研究辅导部（组、科、室）。主要任务是开展图书馆学的理论研究和业务辅导工作。

⑧情报研究服务部（组、科、室）。主要任务是开展情报的收集、整理、加工、分析研究和传递服务工作。

⑨技术部（组、科、室）。主要任务是研究图书馆传统的操作程序和手段的改革、引进，采用切合我国实际情况的国外新技术、新设备，并在此基础上进一步研究在我国的情报部门应用电子计算机等问题。

⑩其它。如特藏、复制等部门，以满足读者的特殊需要。

以上各部门虽然是各自独立的，但相互之间却是紧密联系在一起的，互相配合，互为补充，构成一个完整的有机体：图书馆组织系统。有些图书馆如高等学校图书馆，还根据读者分布情况设有分馆、馆外阅览室以及在各系建立资料室。

关于业务部门的划分，在目前，我国大多数图书馆都是按照业务工作的内容和性质来划分的（如上所述），但是，也有按照学科性质划分的，即按照图书资料的学科性质划分为"哲学、社会科学部（组、科、室）""自然技术科学部（组、科、室）"的，而把有关采、登、分、编、流、阅、参等一系列业务工作划归各部门去处理。例如某大学图书馆就按照学校所设专业分为六个专业参考室,外加一个综合工作组,由这个工作组统一协调各室的业务,保证全馆工作的统一。还有按照语言文别划分的,即按照业务工作先行合并,然后按照书刊资料的文种分组,一竿子到底。例如陕西省图书馆,就分为中文组、外文组和线装组等等,各自进行从采购一直到参考等全部业务工作。

以上三种方法各有利弊。哪种方法好,哪种划法合理,还有待进一步摸索、实践、研究。在我国,各种划法还处在试验之中,是否科学合理,还需要实践作出结论。不过,无论哪种划法,只要能够最大限度地发挥图书馆的人力、物力、财力等一切资源的作用,最大限度地提高图书的流通率、利用率,都是科学的、合理的。

另外,据辛希孟和江乃武二同志的介绍,可把机构方式归纳为以下三种:

(一)直线式。即权力循直线上下移动,下级工作全由上级指挥。这是最早的组织形式,其优点是系统简明,责任明确,指挥统一,纪律严整。但也有缺点,这就是要求管理人员中必须兼备多方面的才干。

(二)分职式。其特征是第一线人员不与管理负责人直接接触,常常是从不同领导那里接受命令,去完成各自特定任务。

该种形式的优点是:分工用事,各用所长,责任专一,易于改进,馆员可获充分指挥,工效可得提高。缺点是:组长过多,易起纠纷;基层多头,易于混乱。所以各部门需要协调一致才能更好为读者服务。

(三)混合式。此方式系综合第一、第二种方式而成。凡业务部门采用直线式,非业务部门采用分职式。这样即兼直线式之优

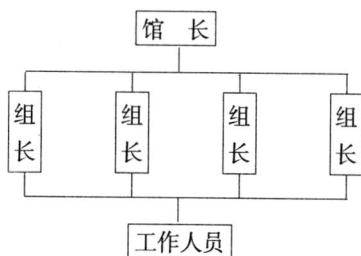

点,又备分职式的长处,因而,一般较大型的图书馆多用此种
方式。*

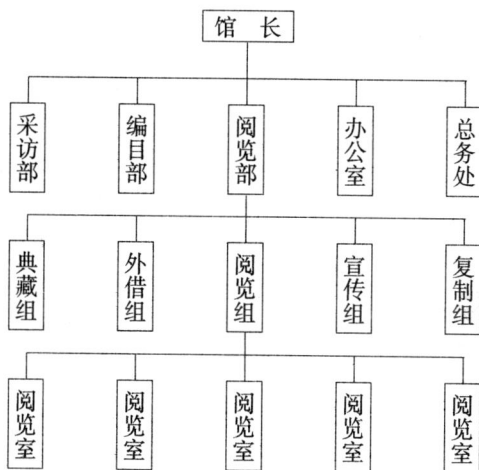

---

* 图书馆工作管理科学化概论/辛希孟,江乃武编著.一长春:吉林省图书馆学会,
1981

第五节　馆长负责制

法约尔认为,双重指挥(两个上级,一个下级)将会使权力和纪律遭到最严重的破坏。

实践证明,馆长负责制是行之有效的图书馆管理体制。进一步健全和完善这种管理体制将有利于加强党对图书馆的领导,有利于充分调动和发挥群众参加管理工作的积极性和创造性,有利于正确处理党组织、馆长和馆员群众三者关系。

一、加强党组织的领导作用

馆长负责制是在党组织领导下的馆长负责制,而不是馆长专断领导,更不是一个人说了算。坚持党的领导,这是社会主义图书馆事业的一项根本原则。馆长的责任就是向党负责,向广大读者负责,向管理的科学化负责。因此,必须建立一个强有力的,具有远见卓识的,知人善任的,革命化、专业化、知识化、年轻化四者统一的领导集体,建立起权威的指挥中心,才能有效地发挥其组织领导作用。

二、馆长的职责

实行馆长负责制,就要明确(最好有相应的条文,这应该在"图书馆法"里有所规定)馆长在行政领导和业务管理中的职权和责任,真正做到馆长有职有权。

馆长的职责范围是:

1. 执行党的决议,根据党的各个时期里的中心任务以及上级主管部门的有关指示,组织和领导全馆的各项工作;

2. 决定图书馆业务管理工作和行政管理工作中各种重要问

题,例如主持全馆行政和业务工作等等;

3. 采取必要措施改进工作;

4. 组织和安排全馆业务人员的工作和培训;

5. 向上级主管部门请示和汇报工作;

6. 向馆员大会或馆员代表大会报告工作;

7. 参加上一级需要图书馆参加的会议;

8. 处理对外事物,等等。

馆长怎样完成自己的任务呢? 他应该注意抓好以下几个方面:

1. 总体规划

馆长对本馆的发展远景,心中必须有一幅清晰的蓝图。不仅如此,他应当经常思考着怎样描绘这张蓝图:长远目标是什么? 中期目标是什么? 近期目标又是什么? 没有规划,犹如没有目的港的轮船,在海洋上漂荡,最终也不知所向。不言而喻,工作是干不好的。因此,规划是管理中的大事,馆长必须全力抓住不放,抓准、抓好。

2. 制定规范

要实现规划,就必须建立和健全合理的组织机构,制定各种带有全局性的管理法和规章制度。单靠美好的愿望是不行的,只凭一般的号召是不够的,必须由各种规范来约束、统一大家的行动。

3. 选才用人

馆长若把几个部主任选好、选准,信而用之,就有支柱。用人的要诀就是——把任务、职务、权力和责任四位一体地分派给自己信用的人。要知人方能善任,要善任就要了解人家的长处,知道人家的特殊优点,尤其要知道每个人所独有的优点。美国管理学专家杜拉克说得好:"用人政策在求其人之所长,而不在求其人之为'完人'。才干越高的人,其缺点也往往越著。有高峰必有深谷,谁也不可能是十项全能。与人类现有博大的知识经验、能力的汇

55

集总和相比,任何伟大的天才都不能及格。"*

馆长还要注意选择符合干部四化要求、完全可以胜任馆长工作的人,努力培养、提高。

4. 及时决断

遇事不果断,粘粘糊糊,在需要做出决定的时候举棋不定、优柔寡断,这同广泛听取群众意见,凡事三思而后行是两码事。当然,决断不是主观武断,而是善于通过分析矛盾,然后作出准确的判断,采取正确的措施。

《史记》上说:"当断不断,反受其乱。"可见,及时决断的重要。但是,在作决策的时候,馆长必须善于把自己的意见同其他领导成员的意见以及馆员群众的正确意见结合起来,从而运用科学的理论与方法系统地分析主客观条件,提出各种预选方案,并从中选择出作为人们行动纲领的最佳方案。

5. 调查研究

调查研究是领导者必须坚持的基本工作方法。馆长对目标的执行情况时时都要做到心中有数。准确的数据哪里来? 靠的是调查研究。因此,馆长应该要求下级坚持开展认真的统计工作,以便从统计中掌握事物的动态。开调查会是一种好办法,不带框框,不定调子,让与会者畅所欲言。要鼓励大家提意见,尤其要激励大家把不同意见都发表出来。"兼听则明,偏听则暗","千人之诺诺,不如一士之谔谔",就是这个道理。

6. 学习提高

马克思说过:"不学无术在任何时候,对任何人都无所帮助,也不会带来利益。"

可以一点不夸大地说,馆长不学习就不能领导好。因此,馆长必须把学习当作自己的一项工作列入日程之中。以其昏昏,就不

---

* 有效的管理者/(美)杜拉克著.—台湾:庆文印刷有限公司,1978

能使人昭昭。馆长要向群众学习,向实际工作学习,最好能定期脱产进行系统的学习,以不断提高自己的本领。

7. 提高工效

列宁说过,管理和政策的全部艺术在于能及时地知道把自己的主要力量和注意力集中到哪里。

馆长要提高自己的工作效率,就必须:

第一,馆长必须干馆长的事。

图书馆里的事情很多,非一人所能完成。馆员有馆员的工作,馆长有馆长的职责。馆长是一馆之长,是抓馆中大事的。因此,馆长要集中精力抓规划、抓指挥,不要干预下一层次的事情。有问题就抓部主任,不要去抓班长、组长,更不要直接去抓具体的工作人员(当然特殊情况除外)。最好做到只有在下级不执行决定时,在工作中出现差错时,在下级遇到困难并请求上级予以帮助指导时,他才及时而又因势利导地扶持下级工作。

图书馆里的事情千头万绪,不能胡子眉毛一把抓,要抓根本,要抓关键,不能主次颠倒,本末倒置。馆长应该身体力行,有时还要"身先士卒"。但是,这不是馆长的主要责任。馆长的职责在于组织、领导、指挥、带领群众前进,而不是代替群众工作。样样都管,事事亲躬,这是小生产的习惯,不但浪费了自己的时光,而且还会干扰下级的工作,不利于调动下级的积极性和创造性。须知,一个馆长纵然是个"全才",搞孤家寡人也是不行的——"全身是铁能打几个钉"? 所以,馆长的作用在于把群众的积极性调动起来,把群众的作用发挥出来。

有人对决策者作出了评价:大事小事都精明——少;大事精明,小事糊涂——好;大事糊涂,小事精明——糟;大事小事都糊涂——了。* 可见,馆长要抓大事。列宁曾经指示说:"全部政治

---

* 科学决策中的领导者/刘吉著//1981 年科学学研究论文选

生活就是由一串无穷无尽的环节组成的一条无穷无尽的链条。政治家的全部艺术就在于找到并且紧紧掌握住最不容易从手中脱去,目前最重要而且最能保障掌握住它的人去掌握整个链条的那个环节。"*

第二,馆长必须经常总结工作。

"前事不忘,后事之师"。人们能够从成功的经验中吸取有益的东西,又能从失败的经验中记取珍贵的教训。成功了,进行总结,就能把成果肯定下来,再努力放大它的倍数;失败了,进行总结,就能针对问题,找出原因,加以调整——这就是管理。

第三,馆长必须提高会议的效率和质量。

开会是发挥集体智慧的好形式,也是现代化管理中互通信息的重要手段和方式。但是,必须防止会议成灾,必须杜绝"马拉松"会议。开会就要解决问题。馆长的水平和领导艺术在于倾听各种意见,并善于集中各种意见中的正确部分。最忌讳的就是自己别出心裁,或标新立异,置大家的意见于不顾,开会伊始,自己急忙把先想出来的方案抛出来,力图在会上通过,从而使自己的意见合法化。当然,与这种做法相反,对工作、对情况自己心中无数,对问题、对措施一无所知、一筹莫展,单凭会上大家七嘴八舌也不行。整天泡在会议之中,自己不工作,还把下级拉上来,这与科学管理是背道而驰的。会议要解决问题,要议而有决,决而有行,行而有果,狠抓落实。国外有人提出领导者应该抓住"五 W 一 H"即 What(什么事)、Why(为什么要干此事)、Where(在哪干)、When(什么时候开始或什么时间完成)、Who(由谁去做)、How(怎样干或采取什么措施)很值得借鉴。这就是说,不但馆长头脑清楚,而且群众心里明白,下级理解领导的意图就会齐心来做,上下同心协作,就一定能把工作干好。

＊　参看列宁:《怎么办?》

为了把会开好,就应该:

1. 议题限定在一次会上讨论决定,这个议题是只有集体开会才能决定的那种问题;

2. 与会者应经过选择的,即对议题有足够经验和见解的人;

3. 应把会议内容、时间、地点预先通知与会者,作好充分准备;

4. 主持人应拟定好开会目的、形式、方法。

第四,馆长要科学地运筹时间。

时间是一种限制因素,任何一项工作都是在一定的时间里进行的,没有时间也就没有工作;不能科学地运筹时间也就不能科学地管理工作。因此,要提高工作效率,就必须学会科学地管理时间。众所周知,时间是一种稀有的、特殊的、租不到、买不到,同时又是无法贮存、没有任何代用品的资源。由此可见,时间是极可宝贵的东西,必须十分珍惜它。那末,怎样管理时间呢?

1. 要重视时间的作用。

马克思主义认为,节约劳动时间就等于发展生产力,而利用时间则是一个极其高级的规律。因此,馆长必须掌握这个"极其高级的规律",节约自己的时间,节约下级的时间,提高自己和馆员的工作效率。

2. 要科学地运筹时间。

①缩小计算时间的单位,分秒必争而不可浪费;

②保持时间上的弹性(例如工作、休息交替,甲种工作方式与乙种工作方式交替等),就能使工作的高效持久或延长工时;

③记录时间,以便检查时间的浪费情况,从而找出浪费的原因,采取防止办法;

④列出每日工作的日程表,把一天中的工作分分类,编编队,最重要的工作先干,大的事情自己干,次要的事情交由下级完成;

⑤在头脑清醒、工作效率高的时候去处理那些费脑筋的事情,用比较大段的时间去处理复杂的事情。

总之,要抓住时间,提高工效。

三、馆长的条件

1. 热爱党,坚持社会主义方向,努力学习马列主义、毛泽东思想,具有相当的政治理论修养;

2. 有强烈的事业心和高度的责任感,能为图书馆事业刻苦钻研业务,努力提高科学文化水平,使自己成为内行和专家;

3. 具有较高的组织能力,懂得现代化的管理艺术;

4. 有决策的头脑、勇气、胆略和敢于负责的精神;

5. 能密切联系群众,善于同下级建立良好关系,具有优良的民主作风、知人善任的品德和宽容精神,平等待人。

6. 能实事求是,脚踏实地作调查研究工作;

7. 善于运用自己的权力并使全馆人员为全馆的奋斗目标共同努力,换言之,能把全馆的力量组织到实现全馆总体规划的劳动中去;

8. 关键在于做好人的工作,为此,要努力调动大家的积极性。

馆长怎样调动群众的积极性呢?

1. 对下级要公正,赏罚分明;

2. 指示要明确,决断要及时;

3. 对下级,即要严格要求,又要为之承担责任;

4. 不要轻易许愿,要说到做到,不能自食其言而失信于下级;

5. 对下级不能过于苛刻,不能强迫他们去做力不能及的工作;

6. 对下级要爱护,要宽容,对每个人的特点尤其是优点要了如指掌;

7. 妥善而及时地解决矛盾,要研究矛盾发生的原因,采取解决矛盾的有效方法,通常有两种:其一是间接法,促其接触、磋商、劝导、求同存异;其二是直接法,行使权威,迫使双方联合,或调走关键人物,或设立超越目标,促使双方为实现更高目标进行合作。

思考题

1. 馆长负责制对图书馆科学管理的意义何在？
2. 你认为馆长应该备具哪些条件？或者说，你希望在什么样的馆长手下工作？
3. 假如你是馆长，你打算怎么干？

本章参考文献

1. 图书馆学基础.第九章/北京大学图书馆学系,武汉大学图书馆学系编著.—北京:商务印书馆,1982.3
2. 图书馆工作管理科学化概论 第一章/辛希孟,江乃武编著.—长春:吉林省图书馆学会,1981
3. 有效的管理者/(美)杜拉克著.—台湾:庆文印刷有限公司,1978
4. 谈谈科学管理中图书馆馆长的职责和作用/王宝昆著//黑龙江图书馆.—1982(1)

第五章　图书馆科学管理的技术

本章将要说明图书馆科学管理的程序、管理的手段和管理的方法。

第一节　图书馆科学管理的程序

一、决策

所谓决策,主要是指对图书馆的奋斗目标(包括长期的和近期的)以及同实现这一目标有关的一些重大问题所作的选择和决定。这种决策是开展工作的第一步,因而具有战略的性质。如前所述,决策的正确与否,对于图书馆事业的发展,对于图书馆的工作(服务能力和服务效果)具有决定性的作用。这种初始性、战略性决策尤其重要。

当然,决策将贯穿于整个管理过程的始终。根据实际情况将随时随地作出必要的战术决策。这种战术决策也要影响全局,也关系到管理的成败。

决策通常分为三大步骤:

第一,确定问题所在,提出决策目标。例如 A 馆要进行改革,首先就要找出 A 馆的主要问题并把它作为决策的目标,改革的对象。

第二,发现、探索和拟定出行动的方案。例如 A 馆的主要问题是长期无馆长,一直交由科研处代管,这时,就要发动群众集中精力围绕机构设置、领导体制和班子配备问题多提几套方案。

第三,最后由决策人从多种方案中详加比较,并取长补短,拟定出最佳方案,才进行实施。

值得注意的是,一定要多提几种方案,如果有意见相反的方案就更好。有人说,一种方案就等于没有方案,这是有一定道理的。

二、计划

有了正确的决策,还必须有科学而又严密的计划来保证方案的实施,否则,方案就要落空。正如列宁所说:"没有一个长期的旨在取得重大成就的计划,就不能进行工作。"* 有了计划,管理人员就有了领导、指挥的依据,图书馆各部门及各个工作人员在进行各项业务工作时就有了目标,行动就有所遵循。

在制定规划的时候,还要注意:

1. 统筹兼顾,综合平衡

这就是从图书馆工作的整体目标出发制定规划的原则。要从大系统及其子系统之间的相互联系上考虑问题,不但要考虑图书馆内部各个分系统以至子系统之间的相互作用和影响,而且还要考虑到图书馆与它以外的其它系统之间的相互作用和影响。

2. 突出重点,带动一般

在统筹兼顾、综合平衡的前提下,还必须始终抓住根本,突出重点,并以重点带动一般。不能搞平分秋色,要分别轻重缓急,把主要问题规划好。

3. 留有余地,预测将来

---

* 列宁全集 第 31 卷/(苏)列宁著.—北京:人民出版社,1958

规划不能定得太死,要保持一定的弹性,要在立足当前的条件下预测将来,为将来的发展留有足够的余地。这样的规划就能根据规划对象(图书馆事业或图书馆工作,或二者兼之)的历史、现状进行科学的预测,进而提出未来的发展方向。这样的规划就能符合将来发展的实际,就比较有成功的希望。

规划是管理的第二步,是制定管理的目标。有了目标特别是图书馆事业或图书馆工作的总目标,整个管理工作就能提纲挈领地抓起来。

三、组织

所谓组织,即为了顺利地完成计划,实现目标,根据人尽其才、物尽其用的精神,按照一定的原则把人力、物力、财力有机地结合起来,进而确立本系统、本馆或本部门的管理体制(包括机构设置、职权划分等),保证该体制下的各部门和各工序有条不紊、协调一致地完成任务。由此可见,组织是为了达到计划的目标而采取的工作方式或工作手段。没有组织就等于纸上谈兵,最好的计划也难以实现。因此,准确分析主客观条件,扬长避短,发挥优势,调动一切积极性,集中一切有利因素,是十分重要的。

四、指挥

指挥对任何一项工作的进行都是必不可少的。图书馆工作日趋复杂,各个部门、各个环节以至各道工序之间都彼此牵连,相互制约,如果没有统一的指挥,大家就不能同步,整个系统的运行将出现故障。

五、控制

有了规划,也有了组织,要想达到预期的目的,还必须随时随地地了解工作的进程,发现问题,及时加以调整——这就是控制。

控制的实质就是通过反馈原则达到预想目的,而控制的内容则是把客体引入理想状态的过程。在进行控制时,要准确掌握:

1. 整个管理工作程序的制定和执行情况;

2. 对计划的实施进行监督和调整情况;

3. 对上级的政策、指示的贯彻执行情况;

4. 读者提出的意见、需要和批评及其处理情况;

5. 图书馆内部权力、职责范围的分配及监督情况;

6. 经费的分配,设备的购置,人员的选择、培养与考核以及工作成果鉴定等。

六、协调

系统工程学认为,任何由两个以上互相作用、互相依赖的要素组成的,并且具有确定功能的有机整体就是一个系统。以图书馆工作为例,如果把收集、整理、典藏和流通四摊工作看作四个子系统的话,那末由这四个子系统组成的图书馆工作就是一个大系统。一个大系统内的各个子系统之间并不是孤立的,它们相互间以及它们同大系统之间有着不可分割的联系,只有每个子系统(而不是其中一个两个子系统)都获得最佳效果的时候,大系统的功能才能大于各子系统功能的总和。这个时候,也只有这个时候,图书馆科学管理的水平才能达到最佳状态。因此,图书馆内各摊工作之间就有一个配合与协调的问题。正如我们在前面所说,决策正确,规划得当,布局合理,控制有力,各个工作环节之间的高度协调一致就能达到科学管理的要求。

从图书馆事业的整体上看也是一样。各种类型、各种规模、各种专业的图书馆纵横交错,各有其位,各有其责,既有分工、又有合作,就能建立一个完整的图书馆网,就能肩负起满足全国人民的需要、提高整个中华民族的科学文化水平的光荣任务,为实现四化作出贡献。

第二节　图书馆科学管理的方法

图书馆科学管理的方法主要有:行政管理法、法律管理法和经济管理法。此外,还有其它一些管理方法。

一、行政管理方法

所谓行政管理方法,是指依靠行政机构和领导者的权力,通过强制性的行政命令直接对管理对象发生影响,按照行政系统进行管理的方法。它通常是采用命令、指示、规定、指令性计划、制定规章制度等方式对子系统进行控制。

这种方法虽然比较陈旧,虽然与现代的科学管理方法大不相同,但是,它仍然是一种有其特殊效力的管理方法,因而,现代的管理还要用到它,甚至可以说仍然离不开它。这是因为,运用行政管理方法有以下八个特征:

1. 权威性

这是这种管理方法重要特征之一,主要靠领导者的权威性。

如果馆长是一位德高望重,业务精通,英明果断,意志坚定的人,他的话就无可非议地具有权威性。这种权威性将对科学管理及其成效产生极大的影响。

2. 强制性

行政管理方法通过权力机构发出命令、指示、规定和指令性计划等指导工作,这对接受指导的管理对象来说,具有强制性。当然,这种行政方法的强制性同法律管理方法的强制性是有区别的。例如法律方法的强制性是通过国家机器和司法机构执行的,它只准许人们可以做什么和不可以做什么,而行政方法的强制性则是要求人们在思想上、行动上、纪律上服从统一的意志,但主要是原则上的统一,允许人们在方法上有一定的灵活性。从制约范围来看,法律方法的强制性对任何人都是适用的,而行政方法的强制性一般只对特定的对象有效。

3. 阶级性

在阶级社会里,行政方法带有阶级性。

4. 稳定性

行政管理系统具有严密的组织机构、统一的目标、统一的行动、强有力的调节和控制,对外部的干扰具有较强的抵抗作用,因此它具有相对的稳定性。

5. 时效性

如果说行政管理方法在空间上是有限的即对一定范围的对象有效,那末它在时间上也是有限的,即只在某一特定时间里有用,这就是它的时效性。

6. 具体性

行政管理方法是具体的,即在什么地点、什么时间、由什么人、干什么、工作的要求等等指示的都比较具体。

7. 保密性

因为行政方法是在自己的机构内部实行的,所以许多内容、方法、目标等都带有对外的保密性。

8. 垂直性

行政管理方法是"条条"管理法,行政命令是自上而下按层次传递的。它不能横传,因为横向传递是无效的。

行政管理方法的上述八大特点包含它的优点和缺点。

优点是:①集中统一,符合图书馆科学管理的集中统一管理原则。②便于管理职能的发挥,这也符合图书馆科学管理的基本要求。③具有一定的灵活性,因而便于处理特殊问题,这也是图书馆科学管理所需要的。

缺点是:①此法属于"人治"而不是"法治",所以对行政负责人个人的要求较高,因为管理效果在很大程度上是由领导人的水平决定的。②因过于集中,层次多而又垂直指挥,所以下级有职而无权、无责,不利于调动下级和广大群众的积极性。③子系统间较少联系,信息传递迟缓甚至失真,直接影响大系统的功能。

由此可见,行政管理方法只能在一定范围、一定时间和必要时使用,而不能作为现代科学管理的主要方法。

二、法律管理方法

所谓法律管理方法就是通常人们所说的"法治"。它不仅包括法律的制定和实施,而且还包括各种类似法律的社会规范。

法律管理方法具有以下六条特点:

1. 利益性

在阶级社会里,法律总是由统治阶级制订的,因此它必然反映和代表本阶级的利益。例如社会主义图书馆法,必然要为办好社会主义图书馆服务,为社会主义建设服务。

2. 概括性

它不像行政方法那样具体,因为它制约的对象(或人或事)都是抽象的和一般的人或事,而不是具体的人和事。

3. 规范性

它是人们的行动规范,又是检查、衡量人们行为的标准。

4. 强制性(因前述,此略)

5. 稳定性

法律一经制定,就不能朝令夕改,因而具有一定的稳定性。

6. 可预测性

人们可凭借法律内容对各种行为和态度的后果作出预测,以便事先遵守执行。

从以上六条特点中我们可以看到,法律方法宜于处理共性问题,也便于集权和统一领导。因为它权利和义务分明,奖励和惩罚有据,所以便于系统管理。另外,因为它有稳定性和预测性,所以具有自动调节功能,可省许多调整工作。当然,它同时又缺乏稳定性和强制性,容易造成管理僵化,对调动子系统积极性也没有利。而在意识形态领域内,此法是无能为力的。

值得注意的是,法律方法不能完全代替行政方法,二者相辅相成。

关于图书馆如何立法以及图书馆法的有关问题,我们将在第六章中专门讨论。

三、经济管理方法

经济管理方法是指依靠经济组织,按照经济规律的要求,运用经济的手段来管理经济的方法。这里的"经济组织"是指那些有独立经济利益的组织,这里的"经济手段"是指那些把劳动集体和个人的物质利益与其工作相联系的方法。

应该承认,图书馆当然不属于经济部门,但是,它仍然存在重要的经济问题,至少每个工作人员都有经济利益问题,至于图书馆的经费使用问题更属经济问题。所以,这种经济管理方法在图书馆的管理中仍然是可用的。

经济方法具有下列特征:

1. 客观性

在制定和实施时,必须使之符合客观经济规律(当然包括宏观经济规律和微观经济规律),任何离开客观实际的"经济手段"都不利于图书馆的科学管理。

2. 阶级性

在阶级社会里,经济利益总要打上阶级的烙印,社会主义的经济方法当然以广大劳动人民的根本利益为前提。图书馆的经济管理方法必须符合广大读者群众的利益,决不能相反。

3. 一致性

此法必须同整个国民经济计划相一致。不相一致,不仅是对图书馆科学管理的一种破坏,而且也将损害国家利益。

4.利益性

经济方法的根本特征就在于它的利益性,没有利益性也就谈不上经济性。所以图书馆的各种经费(包括财政拨款、事业费开支等)都要收到积极的社会效益。

除以上四条以外,还有调整性、制约性、多样性、技术性、公开性、促进性,阻碍性和针对性等等。

经济管理方法还是很有效的一种管理法,因为它直接建立在利益原则基础上,所以通常效果显著,有利于调动大家的积极性、主动性和创造性。当然,要使用得当,要与其他方法尤其是政治思想教育结合起来。至于图书馆工作的经济效益问题,我们将在第十四章进行讨论。

四、其它方法

1.宣传教育法

这是任何工作、任何部门、任何时候都离不开的一种管理方法,也是其他方法所不能代替的一种管理方法。在社会主义精神文明建设中,宣传教育方法无疑是主要的有效的管理方法,是激发人们劳动热情的主要手段,而且对其它管理方法的实行和效果都要发生巨大的影响,因此,要长期做政治思想工作。

2.咨询顾问法

所谓"咨询顾问法"是由管理对象提出问题而由管理者予以答复的管理方法。虽然此法看来被动,而且由于它没有统一性等,所以目前只是一种辅助方法。但从长远观点看,此法很可能成为一种主要管理方法。在现代管理中,"智囊团"或"思想库"的作用是不能低估的。

思考题

1. 如何有效地运用各种方法对图书馆进行科学管理?
2. 管理方法对管理效果有什么作用?

本章参考文献

1. 现代管理学基础 第十章/武汉大学经济管理系编
2. 图书馆工作管理科学化概论/辛希孟,江乃武编著.—长春:吉林省图书馆学会,1981

第六章　图书馆法

第一节　图书馆法的基本问题

一、什么是图书馆法

作为法律体系的一个组成部分,图书馆法是国家图书馆政策的体现和定型化,是加强党和政府对图书馆事业的领导,保证图书馆事业稳步而又迅速地向前发展,更好地为建设社会主义四个现代化服务的最好形式。

社会主义图书馆法既是群众意志的集中,又是图书馆事业发展规律的高度概括,它是根据具体的社会条件和国家在文化领域的基本任务制定出来的。它是确定社会主义国家图书馆事业发展和管理的共同原则和必要条件的正式文件,而党对图书馆事业的方针政策则是社会主义图书馆法的灵魂和根本依据。

1920年11月3日,由列宁亲自参加并领导拟定的《关于集中管理图书馆事业的法令》,是世界上第一部社会主义图书馆法。伟大导师列宁是社会主义图书馆法的首创者。

二、制定图书馆法的必要性

法律实质上贯穿于整个管理系统和管理过程的始终,它调整着管理主体和管理对象的活动。图书馆法将要贯穿于图书馆事业以至图书馆工作的全过程,并指导着图书馆工作者和广大读者群众从两个不同的角度来共同利用图书馆资源的各种活动。

图书馆法对于图书馆事业的发展不是可有可无,而是必不可少的东西。

1.制定一部社会主义图书馆法有利于保证党对图书馆事业的领导,有利于贯彻党的方针、政策,更好地为四个现代化服务。

2.制定一部社会主义图书馆法有利于人民群众对图书馆的工作进行监督,从而保证人民群众享有使用图书馆的权利,对图书馆的工作实行民主管理。

3.制定一部社会主义图书馆法,图书馆事业的地位和发展就受到了法律的保护,因而它有利于图书馆事业的发展,有利于提高图书馆的科学管理水平。

4.至今我国没有一部图书馆法的许多教训和世界上许多国家都有图书馆法的实践都证明,图书馆法对于保证图书馆事业的发展起着非常重要的作用。

总之,为了确保党的领导,贯彻群众办馆的路线,以便有力地推动图书馆事业的发展,就要认真总结以往的经验教训,参照和借鉴国外的经验,结合我国图书馆事业的具体情况,制定一部符合我国国情的社会主义图书馆法,这是当前我国图书馆战线一项刻不容缓的重要任务。

三、制定图书馆法的可能性

1.三十五年来图书馆事业的丰富实践是制定社会主义图书馆法的坚实基础。我们有深刻的教训,但是,我们在制定图书馆条例的过程中也积累了丰富的经验。这就是,马列主义、毛泽东思想是图书馆事业的指导方针;图书馆事业的发展必须与国民经济的发展和整个文化事业的发展相适应。

2.新颁布的《中华人民共和国宪法》是我国的根本大法,也是社会主义图书馆法的立法依据。

3. 只要依靠广大图书馆工作者和读者，走群众路线，就能克服种种困难，从无到有，制定出一部符合我国国情的社会主义图书馆法。

4. 图书馆事业管理局的正式成立，为图书馆法的制定提供了领导上和组织上的保证。

5. 几年来，广大图书馆工作者对图书馆法问题进行了大量的调查研究工作，而且提出了许多建议草案，这就为制定出正式的图书馆法打下基础。

6. 许多国家的图书馆法可以参考、借鉴。

7. 也可借鉴解放前我国的一些图书馆法，例如1910年的《京师及各省图书馆通行章程》，1915年的《通信图书馆规程》，1927年的《图书馆条例》，1930年的《图书馆规程》，1939年的《修正图书馆规程》和1947年的《图书馆规程》等。

总之，现在要制定出一部合乎我国实际状况、保证我国图书馆事业顺利发展的社会主义图书馆法，不但是必要的，而且是可能的。

四、制定图书馆法的基本原则

1. 以马列主义、毛泽东思想为指导思想，这是社会主义图书馆法的根本标志，也是制定社会主义图书馆法的根本方针。

2. 必须从我国图书馆的实际出发，可以借鉴过去和外国的经验，但是必须结合社会主义国情，制定出一部能指引我国图书馆事业蓬勃发展的社会主义图书馆法。

3. 与国际惯例相呼应。世界上各个国家的图书馆事业，谁也不能孤立地存在和发展，实际上，它们总是在相互交流、相互促进和相互协作当中不断发展、壮大。因此，我们在制定图书馆法的时候，既要立足本国的具体情况，又要与国际上通用的一些做法、惯例相呼应。这样就有利于相互间的交流和协调,有利于业务工作的规格化、标准化,最后走向国际化,达到资源共享。

4.立法、守法、执法相结合。立法,这只是健全法制的开始,而不是终了。立法的目的是要人们守法,用法把大家的行动统一起来。如果有法不守,法就遭到破坏,这时就要执法、卫法。只有把三者结合起来,才能"有法必依,执法必严,违法必究"。

5.技术和经济统一。法是调整人们关系的行为准则。行为准则里通常又可分为社会规范和技术规范。在制定图书馆法的过程中,要始终防止把技术规范当作唯一的行为准则的倾向。不能把二者对立起来,也不能把二者割裂开来。社会主义的图书馆法必须体现党和国家对图书馆的技术政策,要体现以经济政策为准则的思想。

6.领导和群众相结合,即统一立法和民主立法相结合,发动群众,筹建图书馆法起草小组,进行调查研究,在现有草案基础上逐渐完善。

五、图书馆法的基本内容

一部完善的图书馆法,应包括以下主要内容:

1.国家关于建设图书馆事业的基本原则;

2.国家关于建立图书馆资源的合理布局;

3.图书馆的职能、性质、方针和任务;

4.图书馆事业的领导体制(现行体制需要改变);

5.图书馆的组织机构;

6.图书馆工作人员的编制、职称、工资及待遇,逐步改变人员结构,改善图书馆地位和福利待遇;

7.图书馆的建筑与设备;

8.图书馆的经费及其来源;

9.图书馆的服务标准;

10. 图书馆网的建设等,把图书馆办成社会事业。

第二节　制定和颁布图书馆法

现在是同心协力制定社会主义图书馆法的时候了。为此,应该开展图书馆法的立法工作,着重抓好以下工作。

一、在国家法制委员会的领导下,成立图书馆立法机构,共商立法大计;

二、对有关的法规、章程和文件进行搜集、调查、研究,为图书馆法的建立积累经验,奠定基础;

三、广泛听取图书馆界、情报界以及关心图书情报事业的负责人士的意见,反复讨论,集思广益,力争图书馆法在不断完臻的过程中尽快形成、批准、公布、实行。

应当承认,要制定一部图书馆法,尤其是要制定一部完全新型的社会主义图书馆法并不是一件容易的事。在这种正式的文件制定、公布之前,作为一种过渡形式,可以先搞图书馆工作条例。

到目前为止,我国三大系统图书馆都已经有了自己的工作条例,这就是 1978 年 11 月 13 日国家文物事业管理局发布的《省、市、自治区图书馆工作条例》(试行草案),1978 年 12 月公布的《中国科学院图书馆情报工作暂行条例》(试行草案)和 1981 年 10 月 15 日高教部颁发的《中华人民共和国高等学校图书馆工作条例》(试行草案)三个文件。这三个条例公布试行以来,收到了极其显著的效果。例如,对提高图书馆的社会地位,巩固图书馆专业队伍,加速图书馆事业建设,都起到积极而又显著的作用。

但是还应该看到,这三个文件毕竟还是个"试行草案",本身还有许多不够完善的地方。因此,它还不等同于正式文件,即还缺乏一定的法律性和权威性。例如《中华人民共和国高等学校图书馆工作条例》上关于图书馆工作人员编制的规定、图书经费的规定等等，还没有得到人事部门和财务部门的同意，往往不能付诸实施。另外，这三个条例都是从本系统的情况出发，而没有从全国图书馆事业的全局出发，所以它没有统一的约束力，也不能普遍适用。

由于这些原因，现在迫切需要在已有文件的基础上，制定出一部统管全国图书馆的图书馆法。

值得指出的是，1982 年 11 月 17 日至 21 日在南宁举行了我国首次图书馆法专题学术讨论会。与会代表集中讨论了以下几个问题：一、制订我国图书馆法的必要性和社会条件；二、制订我国图书馆法的指导思想和基本原则；三、我国图书馆法的立法依据；四、我国图书馆法的类型；五、图书馆法的体系结构和内容。应当承认，这次讨论会，为我国图书馆法的诞生作了必要的准备。

现在，广大图书馆工作者正在结合我国图书馆事业的现状，积极开展图书馆法的理论研究工作和实际调查工作，到目前为止，已经有几份"建议草案"在期刊上发表了。相信不久的将来，一部新的社会主义图书馆法一定会问世。

思考题

1. 图书馆法与图书馆的科学管理是什么关系？
2. 社会主义图书馆法的主要特征和基本内容是什么？

本章参考文献

1. 谈图书馆法/胡养儒著//河南图书馆季刊. —1981（1）

2. 谈谈图书馆法/孙云畴著//河南图书馆季刊.—1982(1)

3. 国家图书馆政策与图书馆法/庄义逊著//广东图书馆学刊.—1982
(3)

4、关于制定图书馆法的几个问题/戴祖谋,麦群忠著//图书与情报.—
1983(1)

5. 试论图书馆法的制定原则和体制设计/吴乔生著//福建省图书馆学会
通讯.—1983(1)

6. 一九四九年前我国图书馆立法讨论/旭岩,海斌著//河南图书馆季
刊.—1983(3)

7、列宁关于图书馆立法的理论与实践/彭海斌著//云南图书馆.—1982
(3)

8. 试论加强图书馆立法工作的重要意义/大学图书馆通讯.—1983(7)

省（自治区、市）图书馆工作条例
（1982年12月）

第一章 总则

第一条 省（自治区、市）图书馆（以下简称省馆）是国家举办的综合性的公共图书馆，是社会主义科学、教育、文化事业的重要组成部分，是向社会公众提供图书阅读和知识咨询服务的学术性机构，是全省（自治区、市）的藏书、图书目录和图书馆间协作、协调及业务研究、交流的中心。

第二条 省馆应坚持为人民服务、为社会主义服务的方向，贯彻百花齐放、百家争鸣，古为今用、外为中用的方针，要结合本省的实际，利用书刊资料，为社会主义的物质文明和精神文明建设服务。

其主要任务是：

（一）宣传马列主义、毛泽东思想，宣传党和政府的政策、法令，向人民群众进行共产主义和爱国主义教育；

（二）为本地区的经济建设和科学研究提供书刊资料；

（三）传播科学文化知识，提高广大群众的科学文化水平；

（四）搜集、整理与保存文化典籍和地方文献；

（五）开展图书馆学理论和技术方法的研究，对市（地）、县（区）图书馆进行业务辅导；

（六）在省（自治区、市）政府有关部门的领导下，推动本地区各系统图书馆间的协作和协调。

第二章　藏书与目录

第三条　省馆应根据本省社会主义物质文明和精神文明建设各个领域的需要,结合原有藏书基础,确定书刊资料补充原则,通过多种途径,有计划、有重点地补充馆藏,逐步形成具有地方特色、适合当地读者需要的藏书。

本省(自治区、市)的正式出版物和有关本地区的地方文献资料应尽全收集。要注意藏书的完整性,对重要的报刊、丛书、多卷集和其它连续性出版物要力求配齐。

应有计划地清理和剔除藏书中不必要的多余复本。

馆藏书刊资料,要有步骤地向缩微化过渡。

应建立保存本书库。

第四条　省馆对新到书刊资料,要及时登记、分编,尽快投入流通。要严格注意图书加工质量,根据国家的统一要求,逐步实现分类、编目的规格化、标准化。

第五条　省馆应分设读者目录和公务目录。读者目录除应设置分类、书名、著者等目录外,还应积极创造条件编制主题目录。

要有计划地将旧藏编成书本式目录。

目录应有专人组织和管理,定期检查,以保持书、目相符。

第六条　省馆收藏的书刊资料是国家财产,受法律保护,任何人不得侵占,其它单位不得任意调出。

要加强藏书管理,切实做好安全防护工作。

要教育读者和工作人员爱护书刊资料,与损毁、盗窃书刊资料的不良现象作斗争。

第三章　读者服务工作

第七条　省馆的一切工作都是为了最大限度地满足读者对书刊资料的合理需要。要加强读者服务工作,要文明礼貌服务,不断提高服务效率和服务质量。

第八条　省馆应根据不同的服务对象,确定图书的借阅范围。除根据中央和国家出版主管部门规定对某些书刊停止公开借阅外,不得另立标准,任意封存书刊。

善本、孤本以及不宜外借的书刊资料,只限馆内阅览,必要时,经批准可向国内读者提供复制件。

第九条　图书流通工作尽量方便读者。应根据需要和条件,分设各种阅览室,逐步实行开架或半开架借阅制度。出借图书除采用个人、集体、馆际互借外,还应积极开展电话预约和邮寄借书。

要积极开展资料缩微和复制工作,逐步开辟声像资料服务。

第十条　省馆应采用多种形式报导馆藏、宣传好书,正确指导读者阅读,充分发挥馆藏书刊资料的作用。

第十一条　省馆应根据读者的需要,积极做好书目参考和情报服务工作。编制或利用各种书目索引,系统地介绍和提供有关专题的书刊资料,开展定题服务、跟踪服务,组织代译网等工作。

第十二条　流通阅览工作人员应当解答读者阅读方面的一般性咨询,参考咨询工作人员则侧重解决读者专题研究中有关图书资料方面的咨询问题。

第十三条　省馆借阅开放时间要适应读者需要,一般每周不得少于五十六小时,需要闭馆或变更开放时间,应报请主管部门批准,并预先通知读者。

第四章　研究、辅导与协作

第十四条　省馆要有计划地进行图书馆业务理论和技术方法的研究,以促进图书馆干部的专业水平、图书馆工作和服务质量的提高。

第十五条　省馆可根据需要,承担省级图书馆学会和中心图书馆委员会(或协作委员会)的日常工作,在有关部门领导下,积极组织图书馆学研究和图书馆间的协作、协调活动。

第十六条　省馆负有对本地区公共图书馆的业务辅导任务，其主要对象是地（市）、县（区）图书馆，并通过它们促进农村、街道、厂矿、学校和其它图书馆（室）的工作。

第五章　组织机构

第十七条　省馆设馆长一人，设副馆长二至三人。正、副馆长应由认真执行党的方针政策、热爱图书馆事业、有较高的科学文化水平和组织管理能力的干部担任。

主管业务的馆长（或副馆长），应逐步做到由具备副研究员以上业务技术职称的专业干部担任。正、副馆长由上级主管部门任免。

第十八条　省馆设馆务委员会。馆务委员会由正、副馆长和各部门主任组成，在馆长主持下对全馆重大业务问题进行讨论并作出决定。

第十九条　省馆机构要力求精干，一般可设下列业务工作部门：业务办公室或业务秘书（部主任级）、采编部、阅览部、书目参考部、研究辅导部；各馆根据工作需要还可增设保管部、期刊部、古籍部和特藏部等。

各部根据工作需要可设若干组。

各部正、副主任应逐步做到由具备馆员以上业务技术职称的专业干部担任，其任免由馆长提名，报请省文化局批准。

第二十条　省馆要加强思想政治工作和行政后勤工作，以保障业务工作的顺利开展。

第廿一条　省馆要根据精简的原则确定人员编制。定编可参照下述标准：以五十万册图书、七十名工作人员为基数，每增加一万至一万三千册图书，增编一人。

民族地区图书馆每增加八千至一万册民族文字图书，增编一人。行政人员一般不得超过总编制额的百分之十七。

第六章 工作人员

第廿二条 省馆工作人员必须拥护中国共产党领导,热爱社会主义祖国,努力学习马列主义、毛泽东思想,热爱图书馆事业,刻苦钻研业务,全心全意为读者服务,积极做好本职工作。

第廿三条 省馆应注意加强图书馆专业干部队伍的建设,有计划地配备图书馆专业、语言文字专业和其它学科的专业人员。

专业技术干部必须具备中专以上文化水平,大专以上文化程度的人员应逐步达到占全馆人数的百分之四十以上。

第廿四条 省馆要积极创造条件,采取多种形式,结合工作需要,有计划地对各类在职人员进行定向培训。

对工作人员要定期进行考核。新进馆的业务人员均需经过考核录用,并需进行必要的基本业务训练。

第廿五条 专业干部业务职称的确定或晋升,按国务院颁布的《图书、档案、资料专业干部职称暂行规定》执行。

应逐步改善工作人员的工作和生活条件,在劳动人事部门的支持下,根据需要与可能,解决某些业务技术人员的劳动保护问题。

对成绩突出的工作人员,应予以表彰或奖励;对违章、失职以至造成严重事故的人员,应视情节轻重,予以批评教育或党纪国法处分。

第七章 经费、馆舍与设备

第廿六条 要保障省馆必要的经费,并根据图书资料不断积累的特点,图书购置和业务活动经费应逐年有所增加。

购书费在总经费中的比例,一般不应低于百分之四十。

第廿七条 要根据藏书建设和读者工作的需要,有计划地逐年增添必要的图书馆专用设备。要改善善本书刊和其它重要文献资料的安全、保护条件。要有计划地添置复印、缩微、视听等现代技术设备,并积极准备采用电子计算机文献检索技术。

第廿八条　省馆应逐步建设适应图书馆特点和需要的专用馆舍,扩建和新建馆舍要纳入地方基建规划。

第八章　附则

第廿九条　各省馆应根据本条例的精神,制定本馆各项工作的规章制度。

第三十条　本条例原则上也适用拥有百万册以上藏书的其它大型公共图书馆。

文化部文件
文图字(82)第 1548 号

附录 II

中华人民共和国高等学校图书馆工作条例

第一章 性质和任务

第一条 高等学校图书馆是学校的图书资料情报中心,是为教学和科学研究服务的学术性机构,它的工作是教学和科学研究工作的重要组成部分。

第二条 高等学校图书馆应贯彻党的教育方针,为培养社会主义建设人才,发展教育科学文化事业,建设社会主义物质文明和精神文明做出贡献。其任务是:

(一)根据学校的性质和任务,采集各种类型的书刊资料,用科学的方法进行分类编目与管理。

(二)配合学校思想政治教育工作,宣传马列主义、毛泽东思想及党和政府的政策法令。

(三)根据教学、科学研究和课外阅读的需要,开展流通阅览和读者辅导工作。

(四)开展参考咨询和情报服务工作。

(五)开展查阅文献方法的教育和辅导工作。

(六)统筹、协调全校的图书资料情报工作。

(七)开展馆际协作活动。

(八)培养图书馆专业干部。

(九)进行图书馆学、目录学和情报学理论、技术方法及现代化手段应用的研究。

第二章　业务工作

第三条　高等学校图书馆的各项业务工作应加强科学管理，不断提高服务水平，最大限度满足读者的需要。

第四条　高等学校图书馆应根据学校教学和科学研究的需要及馆藏基础，通过多种途径，有计划、有重点地补充国内外书刊资料，逐步形成具有本校专业特色的藏书体系。

采集书刊资料应以教学、科学研究用书为主，兼顾课外阅读的需要。

要注意保持重要书刊资料的完整性和连续性，注意收藏本校的出版物和学术文献。

应有计划地进行书刊资料的剔除工作。

第五条　高等学校图书馆对新到书刊资料应及时分类编目，尽快投入流通，并定期报导。

要提高分类编目质量，注意分类的科学性和实用性，保持著录、编目的准确一致。根据国家的统一要求，逐步实现分类、编目的标准化。

第六条　高等学校图书馆要健全目录体系，一般应分设读者目录和公务目录。读者目录可设置分类、著者和书名目录。有条件的馆可编制书本式馆藏目录和增加主题检索途径。

图书馆应有反映全校书刊资料收藏情况的总目录，成为全校的查目中心。

目录的组织和管理要有专人负责，经常进行检查，保持书、目一致。

第七条　高等学校图书馆要合理组织藏书，加强书库管理，做好书刊资料的保护工作，并切实加强珍善本书刊的保藏和利用。

第八条　高等学校图书馆应加强读者服务工作，根据需要和条件分设各种出纳口和阅览室，健全服务体系，提高藏书利用率。

要做好出纳工作,降低拒借率,缩短取书时间。

配合学校的思想政治工作和教学、科学研究任务,进行阅读辅导,举办书刊展览,编制推荐书目,组织报告会、座谈会,开展多种形式的读者服务工作。

逐步实行书刊资料的开架或半开架借阅,并注意切实加强管理。

要教育读者爱护书刊资料,对违章或损毁、盗窃书刊资料者,视情节轻重,给予批评教育、赔偿、罚款以至行政处分等不同处理。

积极创造条件,开展静电复制、缩微照相、视听阅览等服务项目。

应注意经常保持图书馆环境的安静与整洁。

开馆阅览时间每周不少于 70 小时。寒暑假应保证一定开馆时间。

第九条　高等学校图书馆应努力开展参考咨询和情报服务工作,配合学校的教学和科学研究任务编制各种专题书目索引,辅导读者查阅文献资料,并进行有关方法的基本训练,开展定题服务、回溯检索和情报分析。

第十条　高等学校图书馆应注意总结工作经验,结合本馆实际有计划地组织专题研究,积极参加图书馆学会的学术活动,以促进图书馆工作,提高干部理论水平。

第十一条　高等学校图书馆应积极参加本地区、本系统的馆际协作,做好书刊资料采购、馆际借书、编制联合目录、组织业务交流、培养干部以及新技术应用的研究等方面的协调工作。

第十二条　高等学校图书馆应加强业务统计工作,制订和健全各项业务的规章制度、工作细则和岗位责任制,并认真贯彻执行。

第三章 领导体制和组织机构

第十三条 高等学校图书馆实行校（院）长领导下的馆长负责制，应有一名主管教学、科学研究工作的副校（院）长分管图书馆工作。

第十四条 高等学校图书馆设馆长一人，并视需要设副馆长若干人。

馆长、副馆长应由认真执行党的方针政策、热心图书馆事业、有较高的科学文化水平和组织能力的人担任。

馆长主持全馆工作，领导制订全馆规划、工作计划、经费预算、干部培训计划及规章制度等，并组织贯彻执行和总结，定期向校（院）长报告工作。

馆长应参加校（院）长办公会，应是校（院）务委员会的委员。

副馆长协助馆长完成各项工作。

馆长、副馆长的任免，一般院校与系主任、副系主任相同，重点院校与教务长、副教务长相同。

第十五条 高等学校图书馆一般应设立党支部（或党总支），直属院（校）党委领导。党支部（或党总支）负责党的建设工作和思想政治工作，对图书馆业务工作起保证监督作用。

第十六条 高等学校图书馆一般应设办公室（或秘书）、采编部（组）和流通阅览部（组），各馆根据需要，可分设或增设采访部（组）、编目部（组）、阅览部（组）、流通保管部（组）、期刊部（组）、情报服务（或参考咨询）部（组）、研究辅导部（组）、特藏部（组）及技术部（组）等机构。

各馆应从实际出发，以利于科学管理为原则，确定本馆的机构设置，并相应明确其职责。

各部（组）主任、副主任（组长、副组长）的任免与教研室主任、副主任相同。

第十七条　规模大、系科多或校园分散的学校,根据需要与可能,可设立专业分馆或学生分馆。分馆是总馆的分支机构,受总馆直接领导。

第十八条　规模大、系科多的学校,根据需要与可能,可设立系(所)资料室。

系(所)资料室是全校图书资料情报系统的组成部分,实行系(所)和校图书馆双重领导。各系(所)应有一名副主任分管图书资料室工作。校图书馆对系(所)资料室负责业务领导和协调。

系(所)资料室的服务对象主要是教师、研究生和毕业班学生。它的职责是负责本专业书刊的保管和阅览,并着重进行专业资料的收集、整理和研究,开展情报服务。

第十九条　高等学校可设立图书馆委员会,作为学校图书资料情报工作的咨询机构。

图书馆委员会的成员由馆长和系主任共同推荐,提请校(院)长聘请组成。图书馆委员会设主任委员一人,副主任委员若干人,主管图书馆工作的副校(院)长担任主任委员,图书馆长担任副主任委员。

图书馆委员会应定期召开会议,听取图书馆长的工作报告,审议图书馆的年度计划,讨论图书馆工作中的重大问题,并向校(院)领导反映改进图书资料情报工作的建议。

第四章　工作人员

第二十条　高等学校图书馆工作人员包括:党政工作人员;专业人员;技术人员;技术工人;公勤人员。

第二十一条　高等学校图书馆工作人员必须拥护中国共产党的领导,热爱社会主义祖国,努力学习马列主义、毛泽东思想,全心全意为人民服务,热爱图书馆事业,刻苦钻研业务,积极做好本职工作。

第二十二条 高等学校图书馆应根据读者人数、藏书册数和年平均进书量,并参照学校的性质、系科的设置、教学和科学研究任务的轻重、校舍的集中与分散等情况,配备必需的工作人员。

各校可参照下述比例研究确定本校图书馆专业人员的编制:

(一)以学生一千人、藏书五万册配备十五名专业人员为基数;

(二)在此基数上,每增加一百名学生、五十名研究生各增加一名专业人员;每增加五万册藏书增加一名专业人员;年平均进书量一万册配备三名专业人员。

图书馆内的党政干部、研究和应用现代化技术手段(计算机、缩微、复制等)的技术人员、从事设备维修、装订等的技术工人、公勤人员,应根据实际需要另列编制。

系(所)资料室应配备足够的工作人员,列入系(所)的编制。

第二十三条 高等学校应加强图书馆的专业队伍建设,有计划地配备包括图书馆学、外语(或古汉语)和各学科的专业人员。专业人员的文化程度应是中专(高中)毕业以上,大专以上程度的应达到百分之六十以上。

第二十四条 高等学校图书馆应积极创造条件,采取多种形式,紧密结合工作需要,有计划地对各类在职人员进行培训。

第二十五条 高等学校图书馆专业人员业务职称的确定、晋升,按照国务院颁发的《图书、档案、资料专业干部业务职称暂行规定》执行。

在图书馆工作的党政工作人员、技术人员、技术工人等的职称及定职、晋升办法,按照国家的有关规定执行。

评定职称应同工作人员的培训和考核结合进行。

第二十六条 高等学校图书馆的专业人员是教学和科学研究队伍的组成部分,应按职称与相应的教学和科学研究人员享受相同待遇。

高等学校图书馆工作人员应根据不同工种享受相应的劳保待遇。

第五章 经费、馆舍、设备

第二十七条 高等学校应重视藏书建设的投资。书刊资料购置费在全校教育事业费中应占适当比例,一般可参照 5% 左右的比例数,由学校研究确定。

全校书刊资料购置费由图书馆统一掌握,合理使用。

第二十八条 高等学校应有计划地为图书馆添置复印、缩微、视听等设备和家具,纳入学校的设备购置计划,由设备费内开支。

电子计算机等现代化装备由教育行政部门(或国家有关部门)全面规划,统筹安排。

第二十九条 高等学校都应建筑独立、专用的图书馆馆舍。建筑标准按教育部编制、国家计委和建委共同审定的《一般高等学校校舍规划面积定额》中的有关规定试行。

学校总务部门应积极做好图书馆的房屋、设备维修工作,改善灯光、通风、防寒降暑等条件,为师生创造良好的学习和研究环境。

第三十条 高等学校图书馆均应贯彻勤俭办馆、厉行节约的原则。

(原载《图书馆学通讯》1981 年第 4 期)

附录 Ⅲ

苏联图书馆事业条例
（1984 年 3 月 13 日苏联最高苏维埃
主席团 10926 – Ⅹ 号命令批准）

遵照组织图书馆事业的列宁主义原则，在苏联建成并发展着广泛的国家图书馆网和社会团体图书馆网。图书馆服务普及到全国大多数居民。在发达的社会主义不断完善的形势下，图书馆作为最大众化的思想教育机关、文化教育机关和科学情报机关，其作用日益提高。

图书馆履行着重要的社会职能——促使宪法所规定的苏联公民的教育权、文化成果享用权、休息权、科学技术与艺术创造的自由权之实现；促进苏联人民政治觉悟的提高和积极的生活态度之养成，以共产主义劳动态度、思想信念、对资产阶级思想的不调和性、苏维埃爱国主义、对保卫社会主义祖国的决心、国际主义、各民族的友谊与兄弟般的团结对他们进行教育。图书馆有助于广泛传播科学技术知识，在社会实践中运用科学技术成果。

爱护图书馆的藏书，关心它们的保管，是所有国家机构、企业、机关、团体的职责，是每个苏联公民的义务。

第一章　总则

第一条　苏联的图书馆

苏联的图书馆是对构成图书馆藏书的书籍、其他出版物、手稿、磁带录像、录音以及其他资料组织社会利用的思想教育机关、文化教育机关及科学情报机关。

图书馆的使命是保证最充分和最有效地利用自己的藏书,以求得苏联社会进一步的经济进步、社会政治进步和精神进步,用发达的社会主义的道德与原则的精神教育公民。

第二条　图书馆的基本任务

图书馆的基本任务是:

宣传马克思列宁主义、苏联共产党和苏维埃国家的政策与历史、社会主义制度和苏维埃生活方式的优越性;

促进苏联公民的政治思想教育、劳动教育、德育和美育,促进他们的科学的、马克思列宁主义世界观、思想、信念的形成,促进他们的文化与专业水平的提高;

促进科学、生产和社会生活其他领域的发展,促进科学知识在经济活动和国家管理实践中的应用,以及本国生产与科学技术潜力最有效的利用。

第三条　全苏的及各加盟共和国的图书馆事业立法

全苏和各加盟共和国的图书馆事业立法,由确定图书馆事业组织、图书馆藏书建立、利用与保管之原则的本条例,以及符合本条例的全苏和加盟共和国颁布的有关图书馆事业问题的其他法律条例组成之。

第四条　苏联图书馆事业组织的基本原则

苏联图书馆事业组织的基本原则是:

全国的图书馆结合成统一体系;

有计划地发展图书馆网,依据区域及国民经济部门的特点及发展远景,在全国合理配置图书馆;

保证图书馆组织与方法指导上的统一;

国家按计划培养图书馆工作者的队伍;

图书馆的普及性和免费利用;

社会团体、劳动集体及公民参加图书馆工作。

第五条　苏联图书馆事业的领导

人民代表苏维埃,它们的执行与管理机构,以及其他负有管理图书馆职责的国家机构与社会机构,实施对苏联图书馆事业的领导。

苏联文化部对图书馆实施总的方法指导并协调它们的工作,不论其隶属关系,对属于国家各部、委和主管机关管理的图书馆之工作实施国家监督,同时,依据本条例和全苏其他法律条例解决图书馆事业方面的其他问题。

国家各部、委、主管机关、社会团体的中央机构,对隶属于它们的图书馆实施领导。

地方人民代表苏维埃及执行委员会,领导其所主管的图书馆,保证这些图书馆网的发展,加强它们的物质技术基础并选配专业干部,协调并监督分布在相应的苏维埃管区内的其他图书馆的活动,采取具体措施合理地配置图书馆。

第六条　统一的图书馆藏书

把国家图书馆和社会团体的图书馆藏书组成统一的图书馆藏书,这种藏书是社会主义的财产并受国家保护。

第七条　利用图书馆的权利

公民、企业、机关、团体均有利用图书馆的权利。

这种权利由图书馆的普及性、图书馆网的广泛发展,以及馆际互借和图书馆服务的其他方式加以保障。

免费利用图书馆。图书馆提供的个别收费服务项目的清单(抄写、复制等)、其收费数额,由苏联部长会议制定的制度决定之。

第八条　图书馆建立与登记的制度,图书馆统计表报

图书馆可作为具有法人权利的独立机构,亦可作为国家各部、委、主管机关、企业、机关和团体的组成单位,以及作为集中化图书馆系统内中心图书馆的分馆来建立。图书馆按照规定的制度建立、改组与停办。

开办图书馆须有最低限度的图书馆藏书、馆舍、设备与干部。

开办图书馆必备的图书藏书的最低限度,由国家各部、委、主管机关及社会团体的中央机构规定之,并需征得苏联文化部的同意。

图书馆必须在地方人民代表苏维埃执行委员会进行登记。

图书馆的统计表报,以统一的格式,按照苏联中央统计局规定并经苏联文化部同意的制度呈报之。

第九条 社会团体、劳动集体及公民参加图书馆工作

社会团体、劳动集体及公民对图书馆建立其藏书、宣传图书、改进读者服务的方式与方法予以协助。

为帮助图书馆的工作,从读者、社会团体及劳动集体代表中,选举社会性的图书馆委员会。

第二章 苏联的图书馆统一体系

第十条 苏联的图书馆统一体系

苏联的图书馆,不论其隶属关系,以其基本任务与活动原则的共同性相联合,组成图书馆统一体系。

包括在图书馆统一体系之中的有:

——苏联文化部系统的图书馆;

——苏联科学院和加盟共和国科学院的图书馆;

——苏联高等及中等专业教育部、苏联教育部、苏联国家职业技术教育委员会、苏联卫生部、苏联农业部和其他各部、委、主管机关系统的图书馆,以及国家企业、机关、组织的图书馆;

——工会、集体农庄、某些合作社及其他社会团体的图书馆。

根据读者名额、藏书成分及活动方针,图书馆可以是综合性或专业性的。为最充分地满足公民精神和专业上的需求,以及国民经济必要情报的需求,建立大众图书馆,其中包括儿童和青少年图书馆、科学图书馆、科学技术图书馆、技术图书馆、盲人图书馆及其他类型图书馆。

根据对其他图书馆所履行的作用与职权,图书馆可认定为全苏图书馆、共和国(加盟共和国或自治共和国)图书馆、边区图书馆、省图书馆、区图书馆、中心区图书馆和中心市图书馆,以及地区图书馆。确认一个图书馆属于上列何种类型一事,由相应的国家各部、委、主管机关及社会团体的中央机构征得苏联文化部同意实施之。

科学图书馆、科学技术图书馆、技术图书馆同时包括在苏联国家科学技术情报体系之内。

第十一条　图书馆统一体系组织、发展和活动的原则

图书馆统一体系的组织、发展和活动依据:

把图书馆结合在主管机关的(部门的)或主管机关之间的(部门之间的),由相应的中心图书馆主持的,集中化图书馆系统之内;

在全国范围、各区域和国民经济部门范围,实行图书馆藏书集中采购,书籍及其他出版物的集中加工,与科学技术情报机关共建统一的情报咨询藏书;

在市、区、自治州、自治区、省、边区、自治共和国、加盟共和国范围,全国范围以及国民经济部门范围内,不论其隶属关系如何,都要协调图书馆专门藏书的补充,共同组织科学方法工作、书目参考工作及科学研究工作,共同利用技术手段,实施其他方式的图书馆工作协调与协作;

图书馆与其他文化教育机关及科学机关,与科学技术情报、人民教育、报刊、电影、电视、广播组织及机关,与图书爱好者协会、创作联合会及其他社会团体,互相支持协同工作。

第十二条　国家跨部门图书馆委员会

为协调国家各部、委、主管机关、社会团体的中央机构在领导图书馆事业方面的活动,附设于苏联文化部的国家跨部门图书馆委员会在下列方面发挥作用,即受委托研究图书馆事业发展的基

本方针,确定在全国配置图书馆的原则,以及解决符合苏联部长会议为其制定的条例的其他问题。

对于国家跨部门图书馆委员会的决定,国家各部、委、主管机关及辖有图书馆的其他团体都必须遵守。

第十三条　苏联国立列宁图书馆

苏联国立列宁图书馆,保证把自己的藏书提供给广大劳动群众,是全国最重要的图书馆。

苏联国立列宁图书馆在图书馆统一体系中,实施全国综合性书库,图书馆学、目录学与图书学科学方法与科学研究工作全苏协调中心及所有图书馆的领头的科学方法中心,推荐书目中心与馆际互借中心等职能。

第十四条　科学方法中心图书馆

科学方法中心图书馆受委托对各图书馆在方法上给予帮助。在图书馆统一体系中,相应的全苏图书馆、共和国图书馆、边区图书馆、省图书馆、区图书馆、中心区和中心市图书馆,以及地区图书馆,履行科学方法中心的职能。

全苏主管机关之间的科学方法中心:对于科学技术图书馆和技术图书馆是苏联国立公共科学技术图书馆;对于苏联科学院和加盟共和国科学院的图书馆是苏联科学院图书馆;对于高等和中等专业学校图书馆是国立莫斯科罗蒙诺索夫大学的高尔基科学图书馆。

苏联文化部系统的科学方法中心图书馆对于儿童和青少年的图书馆从方法上给予帮助。

科学方法中心图书馆按照规定的制度出版书目和方法参考资料、有关图书馆工作先进经验的资料。

第三章　图书馆藏书完整性的建立和保障

第十五条　图书馆藏书采购

图书馆,不论其隶属关系,按照规定的制度有优先获得符合于其藏书采购专门特点的书籍、其他出版物及特种资料的权利。

图书馆藏书采购书籍及其他出版物通过图书馆配售处、其他图书贸易组织、报刊协会分会,以及别的组织与机关进行。

苏联国家出版印刷及图书贸易委员会以出版物及图书馆预定的图书馆技术印刷品充分供应图书馆配售处,保证图书馆专用成套书籍的出版,保证出版物的集中加工。

出版物的印数要考虑到图书馆的需要。

第十六条　以出版物的免费送检及收费呈缴样本供应图书馆

以书籍与其他出版物的免费送检及收费呈缴样本供应图书馆。依苏联部长会议制定的制度执行之。

第十七条　图书馆藏书对国外出版物及其他资料的采购

图书馆藏书对国外出版的书籍、其他出版物及有关资料的采购,按规定的制度进行直接购买与交换。

第十八条　从图书馆藏书中无偿转交出版物及其他资料的制度

没有包括在苏联国家保存藏书中的书籍、其他出版物、资料,可以按规定制度从一些图书馆的藏书中无偿转交到另一些图书馆的藏书之中,不论其隶属关系。

第十九条　出版物的委托储存

为合理组织图书馆的藏书,不论其隶属关系,应把很少利用但有科学或艺术价值的书籍及其他出版物转交给储存图书馆。

将规定的出版物转交给储存图书馆的制度,由苏联文化部同苏联国家科学技术委员会、苏联科学院、苏联高等及中等专业教育部及全苏工会中央理事会拟定之。

第二十条　图书馆入藏出版物及别种资料的登记、保管及利用

登记、保管与利用入藏于图书馆的书籍、其他出版物及别种资

料,得依规定的保障藏书保管与合理利用的法规进行。注销图书馆藏书中内容陈旧、损坏与丢失的书籍及别种资料,只准按照苏联文化部制定的制度进行,这种制度并需征得苏联国家科学技术委员会、苏联财政部、苏联科学院、苏联高等及中等专业教育部、苏联教育部、苏联卫生部、苏联农业部和苏联工会中央理事会的同意。

图书馆入藏的书籍、其他出版物及别种资料同时也是历史文物,其登记、保管与利用遵守全苏及各加盟共和国关于保护与利用历史文物的立法。

图书馆工作者有义务遵守登记、保管与利用图书馆藏书的规定法规,并要对破坏这种法规负责。

第二十一条　出版物的国家书目登记与集中编目

苏联出版的书籍及其他出版物的国家书目登记与集中编目,按照全苏图书馆管理局、加盟共和国图书馆管理局、自治共和国图书馆管理局或共和国图书馆制定的规定实行之。

第二十二条　招致图书馆藏书受损的责任,书籍、其他出版物及别种资料丢失的补偿

招致图书馆藏书受损的个人,依照全苏和加盟共和国的立法负有物质的、刑事的或其他的责任。

丢失图书馆收藏的书籍、其他出版物和别种资料,或者使它们受到不可弥补的损毁的公民、企业、机关、团体,有责任以同样的或图书馆认可的价值相同的出版物与资料补偿之,若无可补偿,在规定的制度中确定以其原价的十倍赔偿之。

第四章　图书馆服务

第二十三条　读者的权利和义务

读者有权:定期利用图书馆藏书中的书籍、其他出版物及别种资料;利用图书馆所提供的书目服务、情报咨询服务及别种方式的服务;参加图书馆主办的读者座谈会及其他活动;选举和被选入社

会性的图书馆委员会。

读者有义务爱护图书馆收藏的书籍及其他资料,并在规定期限归还之,遵守使用图书馆的其他规章。

第二十四条　图书馆在读者服务方面的义务

图书馆有义务:

保证读者有利用藏书之可能;

了解并最充分地满足读者的要求;

根据图书馆的任务促进读者形成阅读要求,最大限度地吸引各阶层居民到图书馆来;

完善图书馆服务、书目服务、情报咨询服务和图书宣传,为此,利用各种个别的与群众性的读者工作方式。

要求服务于儿童和青年的图书馆,指导读者的阅读,养成他们对图书的热爱,促进培养正在成长的一代的共产主义坚定信念、高尚的道德、热爱劳动、渴求知识、积极的生活态度。在青年阅读修养的培养上,图书馆应当协助学校和群众性情报工具。

第二十五条　馆际互借

图书馆在藏书中没有读者所需书籍、其他出版物及别种资料时,要通过馆际互借来解决。按规定制度负有责任的其他图书馆要寄出所征求的出版物及别种资料,或其复制件。

第二十六条　图书馆使用规则

确立利用图书馆的制度之示范规章,由苏联文化部批准,并需征得苏联国家科学技术委员会、苏联科学院、苏联高等及中等专业教育部、苏联工会中央理事会的同意。

国家各部、委、主管部门及社会团体的中央机构以示范规章为基础批准利用其所辖图书馆的制度。

第二十七条　公民私人所有的出版物提供社会利用,社会开办图书馆

公民个人所收集的书籍及其他出版物,经他们同意可提供社

会利用。对于公民可提供社会利用的藏书,由苏联文化部系统的图书馆向读者通报。

由公民发起以他们个人收集的书籍及其他出版物为基础,也可组织社会开办图书馆。责成地方人民代表苏维埃对这些图书馆给予支持并监督它们的活动,根据本条例第八条对这些图书馆进行登记。苏联文化部系统的图书馆对社会开办的图书馆从方法上给予帮助。社会开办图书馆活动的制度,通过加盟共和国的立法制定之。

第五章 图书馆的物质－技术保障 图书馆工作者干部队伍的培养

第二十八条 图书馆网发展规划

苏联经济与社会发展的国家计划要预计到公共图书馆网的发展。其他图书馆网的发展在相应的国家各部、委、主管机关及社会团体中央机构的计划中要加以预计。

第二十九条 图书馆财政

图书馆财政依靠来自国家预算的拨款,国家企业与组织,以及工会、集体农庄、合作社和设有图书馆的其他社会团体的经费。

企业和组织有权依据全苏立法所确立的制度拨出经费,以帮助图书馆充实藏书,添置必要的设备,满足与图书馆服务有关的其他需要。

第三十条 图书馆用房及设备供应

国家机构和社会机构、企业、机关与团体,有责任保证它们经管的图书馆所用的按专门标准建成的建筑物,或是其他适合服务读者与保管藏书的设备完善的房屋、机械化与自动化的现代工具、复印技术、其他设备、运输工具。

在必要时,图书馆和图书馆配售处可以占用居民楼低层的房间。此项费用依靠从预定用于建造各种商业、社会供应及居民生活服务设施的住房建设投资中提成。

第三十一条　图书馆工作者干部队伍

图书馆工作者干部队伍的培养由相应的高等及中等专业学校实行之。

在更换图书馆编制内的职务时,受过高、中等图书馆专业或其他教育的人有优先权。

国家机构和社会机构、企业、机关团体采取措施保证其所主管的图书馆所需之干部,提高他们的业务水平,对图书馆干部的安排和教育给予帮助,关心图书馆工作人员生活及住房条件的改善,关心对他们的物质奖励与精神奖励。

第六章　图书馆的国际交往

第三十二条　图书馆的国际交往

为扩大文化交流,增进各国之间的了解与合作,研究外国图书馆科学与实践的成就,宣传苏联发展图书馆事业的经验,图书馆按照规定的制度参加相应的国际组织的活动,并同外国的图书馆进行国际交往。

（原载《图书情报工作》1984 年第 2 期）

附录 IV

各国（地区）图书馆法纪事

1850 年　英国批准尤耳特（Ewart）提出的《公共图书馆法》

1899 年　日本公布《图书馆令》

1905 年　瑞典公布《图书馆法》

1906 年　日本修改《图书馆令》，并公布《图书馆规程》

1909 年　中国清政府颁布《图书馆通行规程》

1915 年　中国旧教育部颁布《通俗图书馆规程》及《图书馆规
程》

1919 年　英国修改《公共图书馆法》
捷克公布《公共图书馆法》

1920 年　比利时公布《图书馆法》
丹麦公布《公共图书馆法》

1921 年　日本公布《公立图书馆职员令》

1927 年　中国旧大学院公布《图书馆条例》

1928 年　芬兰公布《公共图书馆法》

1930 年　中国旧教育部颁布《图书馆规程》

1933 年　日本公布修订《图书馆令》

1935 年　挪威公布《图书馆法》

1939 年　美国图书馆协会承认《图书馆宪章》
中国旧教育部公布修正《图书馆规程》和《图书馆工
作大纲》

1947 年　日本公布《国会图书馆法》

爱尔兰公布《图书馆法》

1948 年　印度公布《马多拉斯州公共图书馆法》

美国图书馆协会修改《图书馆宪章》

1950 年　日本公布《图书馆法》及《图书馆法实施规则》

1953 年　日本公布《学校图书馆法》

1954 年　日本公布《学校图书馆法实施规则》

1956 年　美国公布《图书馆服务法》、匈牙利公布《图书馆法》、丹麦公布《学校图书馆法》、日本修改《图书馆法》(部分)

1959 年　捷克公布《全国图书馆组织法》

日本修改《图书馆法实施令》

1962 年　日本修改《图书馆法》(部分)

芬兰公布《图书馆法》

1963 年　南朝鲜公布《图书馆法》

1964 年　美国公布《图书馆服务与建筑法》、英国通过《公共图书馆与博物馆法》、丹麦公布《图书馆法》、伊朗公布《公共图书馆法》

1965 年　美国公布《医学图书馆援助法》

日本修改《图书馆法》(部分)

1966 年　日本修改《图书馆法》(部分)

1967 年　日本修改《图书馆法》(部分)

1968 年　日本修改《图书馆法实施规则》(部分)

1971 年　挪威公布《公共·学校图书馆法》

1972 年　英国通过《大英图书馆法》

1973 年　澳大利亚修改《国立图书馆法》(该法制订年不详)

(原载《广东图书馆学刊》1982 年第 1 期)

第七章　图书馆的规章制度

　　图书馆的规章制度是实行科学管理的依据和准绳。合理的规章制度体现出人们在实践中积累起来的成功经验,或者可以说,规章制度是经验的法定化、条例化和规范化。因此,有了合理的规章制度,在工作中我们就有所遵循,就能提高自觉性,避免盲目性,保证工作正常而有秩序地进行下去。

第一节　规章制度的作用

　　图书馆工作是知识性、服务性、整体性、连续性、技术性和学术性很强的一项复杂劳动,而"一切规模较大的直接的社会劳动或共同劳动,都或多或少地需要指挥,以协调个人的活动"。[*]
　　图书馆用什么指挥和协调全馆的活动? 主要靠规章制度。这是因为,实现图书馆的工作计划,需要规章制度做保证;合理组织图书馆的劳动,需要规章制度做纽带;指挥、监督和调节图书馆的各项活动,需要规章制度做手段。这就是说,规章制度是科学管理图书馆的有力工具和必要手段,简言之,是科学管理的基础和依据。图书馆的规章制度包括行政、业务、生活三个方面,但这里主

---

　　[*]　马克思恩格斯全集　第 3 卷/(德)马克思,恩格斯著.—北京:人民出版社,1957

要讲各种业务工作的规章制度。

建国三十五年来的历史证明了，规章制度是图书馆工作须臾不可离开的法宝，有了它，图书馆这部机器就可能在预先设计的轨道上正常运行；没有它，图书馆各项工作就容易陷入混乱，相互脱节，无所遵循。不但不能提高工作效率，相反会降低功效甚至劳而无功。

所谓规章制度，主要是指已为广大图书馆工作者长期工作的实践证明了的、符合或基本上符合图书馆事业和图书馆工作发展规律的那些经验，经过进一步总结、提高，最后由有关领导部门批准而赋予法律意义的条文。这些规章制度的具体条文，一般都具有较强的法律性质和权威性，不仅对广大读者而且对图书馆工作者也都具有约束力。图书馆的规章制度是图书馆工作规律的体现，是图书馆科学管理的准则和依据。

第二节 制定规章制度的原则

在订立各项规章制度时，必须遵守下列原则。

一、有利于图书馆方针任务的贯彻执行。

这是首要的和基本的一条，是建立和健全各项管理的规章制度的根本目的所在。

二、在处理"藏"和"用"的关系或者图书馆和读者的关系时，必须以便利读者使用藏书为出发点，同时注意把必要的科学管理同流通借阅结合起来；把个别读者的需要同多数读者的需要结合起来；把重点读者的需要同一般读者的需要结合起来；把眼前的需要同长远的需要结合起来；把限制少数人的不良行为同相信和方便大多数读者结合起来。

三、贯彻科学态度和科学内容。

既然规章制度是工作的依据，是实现科学管理所必需的，所以它应该做到：

1. 要以严肃的态度对待规章制度。

①从实际出发，调查研究，针对实际问题制定出切实可行的、有针对性的规章制度。

②必须经过反复研究，多方听取群众尤其是读者群众的意见，经过试点、暂行的办法，使之逐步定型实行。这样制定出的规章制度就有了群众基础，就有利于贯彻执行。

2. 体现出严格的要求，亦即从科学管理的实际需要出发，制定出高标准、高水平、高质量的制度来。

3. 各种规章制度的订立、公布、执行、检查以及修订完善等全过程，都要贯彻严密的科学方法，不能主观主义，不能脱离实际。

四、要区别对待。

由于书刊资料的性质不同、类型不同，它们的特点和使用范围也不同，所以，它适应读者需要程度和方式也不同；由于读者的年龄不同、学识不同、经历不同以及从事的专业不同，因此，他们对书刊资料的使用也不同；除此之外，还由于内借和外借的不同等等。因此，在我们制定规章制度的时候就必须坚持区别对待原则，不能千篇一律。

五、处理好三种关系。

规章制度要求大家共同遵守，因此必须处理好：

1. 既要考虑图书馆工作人员的需要和读者利益，又要对国家的图书馆资源负责；

2. 既要处理好"左邻右舍"的关系以保持平衡，又要照顾到本馆内部多环节之间的相互衔接；

3. 既要从实际出发，又要考虑到将来的发展，不应偏废。

六、全面系统，简单明了。

所谓"全面系统"，是就规章制度的内容而言的，即应当形成一整套既包括行政工作又包括业务工作在内的各种规章和制度、条例和细则；既包括对读者的要求，又包括对馆员自身的要求；既注意处理馆外的有关问题，又注意处理馆内的有关问题。不仅如此，还要注意规章制度的整体和部分、这部分与那部分、这条规定与那条规定之间的关系，要使之前后照应，上下衔接，互相补充，不能脱节，更不能互相抵触，前后矛盾。

所谓"简单明了"，是指规章制度的条文形式而言的。规章制度在行文上应当力求含义明确、规定具体、用词准确、言简意明，而不能繁琐复杂，不能模棱两可。

七、把不断充实、改进、保持相对稳定性与连续性结合起来。

必须根据发展着的新形势和不断出现的新情况及时充实到规章制度中去，但是，这种修订和补充也不能过于频繁，不能"朝令夕改"，更不能翻来覆去，使读者无所适从。应该认真分析，慎重处理，使规章制度具有相对的稳定性和连续性。

八、充分考虑到规范化、标准化。

规章制度的效力是与它是否规范化、标准化直接有关的。换言之，越是符合规范化和标准化的规章制度，越具有实用性和普遍性。

第三节　规章制度的内容

下面一些内容是图书馆的规章制度所不可缺少的，归纳起来，大致有十四点。

一、关于图书馆管理机构和业务部门的设置，其主要内容是规定机构或部门设置的原则、工作任务、职责范围、隶属关系、处理问题的权限、经费及人员编制等。如图书馆工作条例，它是图书馆纲领性文件，多由中央部（委）和省、市厅（局）一级领导机关发布。

其特点是：概括、全面、原则性强。其结构通常包括总则、体制、任务、业务工作、条件（设备、经费）、工作人员（如职称、待遇、职责、编制）和附则等。

除工作条例以外，还有图书馆委员会的组织规程和图书馆学会的章程等都属于这一类。

二、关于书刊资料入藏方面的，主要内容是分别规定它们的入藏原则、采购标准、采购方式、登记方法以及采购人员的职责范围等。如：

1. 书刊资料采购标准；

2. 书刊资料采购方法；

3. 书刊资料采购细则（其内容包括采访人员进行具体工作的具体守则，从操作技术、质量要求一直到有关的注意事项，如调查研究、补充、交换、验收、报账、登记、盖章、移送、注销及统筹等都有明确要求）。

三、关于书刊资料分类方面的，主要规定书刊、资料的各自分类原则、分类方法以及《分类法》的使用方法等等。

四、关于书刊资料编目等方面的，主要包括著录和目录组织方面的规定。如：

1. 编目工作细则。这是对编目工作的总规定，其中有编目工作总流程、方法、依据、操作技术以及质量要求等。因书、刊、资料各具特点，通常分别作出规定。

2. 著录规则。这是关于著录标准、格式、项目、方法等所作的一些具体规定，例如《中文普通图书统一著录规则》和《外文图书著录规则》等。

3. 目录组织规则。这是关于确定目录体系、种类和组织方法的一些规定。

五、关于藏书制度方面的，其内容是确定藏书体系、类别及其原则，藏书划分、藏书清理（剔存、注销等）、典藏以及图书保护的原则和方法。

六、关于书库、阅览室和借书处方面的,主要明确它们的组织原则、收藏范围、服务对象、工作任务、借阅办法、管理规则以及工作人员的职责范围等。如:

1. 图书借阅规则;

2. 报刊借阅规则;

3. 资料借阅规则;

4. 阅览规则;

5. 入库规则;

6. 馆际互借办法;

7. 逾期不还及遗失、损坏书刊资料的处理方法。

七、关于读者服务方面的,包括服务范围、标准、对象、方法以及读者利用图书馆的权利和义务等。如:

1. 内部资料阅览办法;

2. 教师参考室规则;

3. 普通阅览室规则;

4. 读者入馆须知;

5. 视听室规则;

6. 复制收费办法;

7. 阅报室规则;

8. 过刊借阅办法,等。

八、关于古籍和善本书的管理和使用方面的,规定它们的分类和编目的原则和方法,目录组织法以及保管、利用的原则和方法等。

九、关于特种文献资料的管理和使用方面的,规定它们的范围以及收集、整理、保管和利用的原则与方法等等。如:

1. 唱片管理使用规则;

2. 磁带管理使用规则;

3. 缩微胶卷管理使用规则,等。

十、关于统计方面的,规定统计范围、统计报表、统计单位、统计方法及统计人员的职责范围等。

十一、关于责任制方面的,包括建立部门责任制和岗位责任制,规定其检查和奖惩办法、措施等。

十二、关于干部管理方面的,包括确定干部技术职称的要求或标准、考核与晋级办法(包括奖惩等)。例如:

1. 思想政治工作制度;

2. 岗位责任制度;

3. 劳动纪律制度;

4. 工作定额制度;

5. 定向培养制度;

6. 晋级考核制度;

7. 竞赛评比制度;

8. 考勤请假制度;

9. 奖励惩罚制度,等。

十三、关于设备的管理与使用方面的,规定关于设备的购置、保管、维修、使用的原则和方法等。

十四、关于经费使用方面的,包括经费的预算、书刊资料购置经费各自的分配比例、经费使用情况的调查和研究等等。

图书馆事业的发展,要求对现代图书馆实行科学管理,而图书馆的科学管理又要求具有统一的规格化管理。因此,制定出合理的规章制度并且在工作中遵循它们,就能逐步走上规格化管理的轨道。

思考题

1. 实行科学管理,图书馆应该制定并实行哪些规章制度?
2. 有了规章制度是否就等于科学管理? 如何在管理的实践中不断完善和健全规章制度?

本章参考文献

1. 整顿和健全规章制度,提高管理水平/管一丁著//图书馆. —1963(1)
2. 谈谈研究所图书馆的规章制度/中国科学院图书馆研究辅导组编//图书馆工作参考资料. —1964(5)
3. 关于建立和健全研究所图书管理工作规章制度的几个问题/徐引篪,史鉴著//中国科学院第二次图书馆学情报学科学讨论会文集. —1980
4. 对研究所情报图书室建立规章制度的意见/杨明芳著//中国科学院第二次图书馆学情报学科学讨论会文集. —1980
5. 图书馆学基础　第九章/北京大学,武汉大学编. —北京:商务印书馆,1981
6. 图书馆工作管理科学化概论　第一章/辛希孟,江乃武编著. —长春:吉林省图书馆学会. —1981
7. 略谈图书馆的规章制度建设/王荣授著//吉林省图书馆学会会刊. —1981(4)
8. 图书馆干部管理条例议/何鑫龙著//赣图通讯. —1982(2)

第八章　图书馆科学管理的工作组织

组织是达到预定目标,完成工作任务的保证。图书馆的工作组织是根据方针、任务结合本馆具体情况和条件,在一定原则思想指导下,有程序地把全馆的工作合理地、科学地安排和连结起来的一种机制。一方面,它把图书馆的全部业务工作——从书刊进馆到为读者利用这一系列工作流程组织起来,使各个工作部门之间的各项工作环节之间都有明确而又合理的分工,相互之间密切配合,从而形成一个有机整体,并使这个整体能高效率地工作,以满足读者的需要。另一方面,还要采取种种措施,以使图书馆的行政等非业务工作积极配合业务工作,集中目标为提高图书流通率和使用效果服务。

第一节　图书馆的组织机构

(参见第四章第四节)

第二节　图书馆的工作计划

一、工作计划的意义

图书馆的工作计划是保证其方针、任务得以胜利完成的方案，它规定了图书馆在一定时期里必须开展的工作内容和为了完成这些任务必须采取的一系列措施。有了工作计划，对本馆某一时期里的主要任务就心中有数，就可随时随地依据它了解和掌握各部门工作的进展情况，并根据反馈上来的信息加以调整，统一步伐，以确保预期目标的实现。

列宁在全俄苏维埃第八次代表大会上的报告说："没有一个长期的旨在取得重大成就的计划，就不能工作。"*这是对制定工作计划的意义的高度概括。

众所周知，有目的、有组织地搞好图书馆各项业务工作，实行计划管理，是社会主义图书馆逐步实现管理科学化的客观要求。实行计划管理，就可以及时检查工作情况，成功者，坚持下去；失败者，找出原因，加以纠正。实行计划管理，有利于建立和健全岗位责任制，提高工作的效率，节约物质消耗，合理使用人力。实行计划管理，还可以调动广大群众的主动性和积极性，从而上下同心，全馆合力，把工作干好。

实行计划管理的作用是：

1.实行计划管理，是社会主义发展规律的客观要求，是逐步实现图书馆科学管理的重要原则和不可缺少的环节，因而有利于有目的有组织地搞好各项业务工作。

---

* 列宁全集　第31卷／（苏）列宁著.—北京：人民出版社，1959

2. 实行计划管理,可以及时地检验和评价工作质量,不断改进工作。

3. 实行计划管理,有利于建立和健全岗位责任制,合理而有效地组织、开展各项工作。

4. 实行计划管理,可以充分调动广大群众积极性,按程序,有计划、有步骤地完成各项任务。

实践证明,无论是哪个系统、哪个地区、哪个专业、哪种规模和哪种类型的图书馆,要实行科学管理,都离不开严密而科学的工作计划。

二、计划编制的原则

1. 实事求是

从实际出发,调查研究,实事求是,力避主观片面,是指导我们进行决策和制定计划的原则。以往的经验和教训都证明,只有这样,计划才有科学依据。因此,在制定计划之前,就必须对图书馆的历史、现状、周围环境、制约因素及其发展趋势等进行周密细致的调查和科学分析。

2. 量力而行

扬长避短,量力而行,是我们在长期经济实践中用经验和教训换来的重要原则之一。因此,我们在制定计划时必须量力而行,留有充分的余地,保留足够的弹性。例如,要充分估计各种困难和不利因素;要认真分析自己的优势和长处,即有利条件;具体制定指标时应留有余地,不能满打满算。

3. 长短结合

计划分长期、中期和短期三种;还可分为部门业务活动计划、专项开发计划或研究计划等。长期计划是短期计划的依据,而部门计划和专项计划又是期间综合计划的具体化和补充。因此,在制定计划时要长短结合。

4. 刚柔兼济

所谓"刚",是指计划中的硬指标。有了它,计划就有约束力。但是计划不是法律,因而这种约束力又不可过于刻板或僵硬。因此,必须把刚性和弹性结合起来。

5. 综合平衡

就计划管理而言,综合平衡既是重要原则,又是重要内容。综合平衡就是从全局出发。为此,要力戒主观主义;既讲数量,更要讲求质量;要重视信息反馈,倾听群众意见。

三、工作计划

1. 远景规划,一般是指为时两年以上的全面发展规划,它的基本内容通常是:

①图书馆的发展规模;

②藏书建设的重点和目标;

③图书馆工作人员的培养和提高;

④设备的购置与更新;

⑤组织机构的设置、分工与协作;

⑥馆舍的建筑与使用;

⑦各项业务工作的开展、要求与措施;

⑧其它一些有关问题。

2. 年度计划,指一年当中对各项工作的安排。

3. 季度计划或月计划,其中又可分出全馆性的季度计划或月计划(一般指在全馆范围内采取统一行动,如剔旧、清点、搬迁馆舍等)和各部门工作的季度计划或月计划。这类计划因时间短,所以便于掌握,出现问题也较易解决,不致影响全局。

但是,不论什么样的计划,长期的、短期的,全馆性的、部门性的,经常性的、临时性的,都要订得具体。例如时间、指标、措施等都要明确、切实而又可行。既要有量上的要求,也要提出质上的规定;既不是高不可攀,也不是轻而易举;要留有余地,保持一定弹性。总之,要高标准,严要求,要尽力而为,要量力而行。

在制定计划或规划时,必须以图书馆的总方针、总任务作指导,结合本单位和本馆的具体情况与实际需要,从本馆的力量和条件出发,经过群众充分酝酿和讨论,最后定稿、通过、公布、实行。

计划一经制定下达,就要以严肃的负责态度,全力以赴去贯彻执行;在执行的过程中定期检查,发现问题,随时调整,或进行必要的修改和补充。

一个好的计划应具备统一性、连续性、灵活性和精确性等特点。

所谓"统一性",是指计划的指导思想要统一,计划的基本内容要统一,各个环节和各步行动要统一,部分与整体或中心要统一。

所谓"连续性",是指计划的阶段性,要有始有终,有计划、有措施、有检查、有总结。

所谓"灵活性",是指定计划时要有弹性,要根据执行过程中出现的问题或未曾预料到的情况及时采取应急措施,加以调整,保证计划的实施。

所谓"精确性",是指计划本身的精确性,不含糊、不模棱两可;指任务的精确性,工作任务的质和量上的要求要准确;指措施的针对性和完成任务时间上的准确性。

四、工作总结

经常不断地总结工作,这对于科学管理图书馆和制定新的工作计划来说是非常重要的,在一定意义上说,它比工作计划更为重要。因为只有通过总结,才能了解到工作计划是否科学,是否合理,是否可行——科学的、合理的、可行的计划其效果就好,就应当继续贯彻执行下去;反之,就要改进、就要调整。

如果说,计划是行动之前的行动的话,那末,总结就是行动之后的行动,因此,有计划必定有总结。总结是计划的终结但同时又是新计划的开始,二者总是不可分割,因此,有什么计划就有什么总结——有年度计划就有年度总结;有季度计划,就有季度总结;有月份计划,就有月份总结等。

在进行总结时,应当全面地、客观地、辩证地看待工作。要充分肯定成绩和正确的东西,也要全力找出缺点、错误、失败以及失败的原因,然后针对这些问题开展调查、分析、研究,从中找出规律性的东西,以便指导今后的工作。

第三节　图书馆的劳动组织

一、完善组织机构是提高工作效率的重要杠杆

列宁要求"把极其复杂的精密的新的组织系统建立起来,对千百万人生活所必需的产品进行有计划的生产和分配"。[*] 这就是说,只有健全劳动组织,才能保证有条不紊地进行工作,以便用最小的劳动和物化劳动消耗取得最大成果。有了完善的劳动组织,上一层次的管理机构就不致陷于繁琐的日常事务,集中精力抓全馆的大事、抓决策,而下一层次以至基层组织也能有效地处理其权限内的各种问题。

图书馆的劳动组织是图书馆在组建好或调整好劳动机构之后进而安排工作程序,做到合理使用人力,确立操作过程的一种组织工作。它的目标是"合理组织劳动"。

所谓"合理组织劳动",是指图书馆在进行工作组织时,努力

---

[*] 列宁全集　第27卷/(苏)列宁著.—北京:人民出版社,1959

提高工作效率,缩短工作过程,简化工作程序,最大限度地挖掘各种潜力,充分发挥工作人员的作用,从而多、快、好、省地完成任务。这既是劳动组织的目的,又是对劳动组织的要求。

马克思关于劳动组织对管理的意义给予了极高的评价,他写道:"这是一种生产劳动,是一种结合的生产方式中必须进行的劳动。"* 这就是说,凡是由多数人共同进行的生产劳动,都必须加以组织,进行管理。共同劳动的规模越大,劳动分工(同时又必须合作)就越细,越复杂,因而也就越重要。马克思在另一篇文章里又说:"一切规模较大的直接社会劳动或共同劳动,都或多或少地需要指挥,以协调个人的活动……。"** 这里所说的"指挥",就是计划生产、组织劳动、组织和协调各生产环节的各种活动。

在国外,有人认为,图书馆工作人员的劳动组织是提高工作效率的重要因素,它能保证每个工作人员和每个业务部门都能合理地使用时间。

苏联图书馆学家弗鲁明对科学的劳动组织下了这样的定义——是以不断地被用于生产中的科学成就与先进经验为基础的、能够在统一的生产过程中把技术和人最有效地结合起来,能够保证提高劳动生产率、保护人的健康和把劳动逐步变成生活的迫切需要的劳动组织。那末,图书馆中科学的劳动组织是怎样的呢?他认为,应以科学为基础——在组织上、在教育上、在技术和卫生保健方面采取一系列措施,旨在通过改进工艺,为提供创造性工作打下基础,使图书馆工作人员能够更好地利用工时提高为读者服务的工作质量,提高工作效率。

---

* 马克思恩格斯全集　第25卷/(德)马克思,恩格斯著.—北京:人民出版社,1957

** 马克思恩格斯全集　第23卷/(德)马克思,恩格斯著.—北京:人民出版社,1957

二、劳动组织的目的和意义

用最经济的人力取得最佳的工作效果,这既是劳动组织所追求的目标,又是合理的劳动组织的重要意义。科学管理的基本原则就是杜绝重复劳动、浪费人力和降低工效现象,简言之,就是要努力消灭无效劳动,使劳动不仅有效,而且效率最高,效果最好。要做到这一点,就必须把全馆的劳动组织好。

劳动组织好了,一小时就能顶二小时三小时干,一个人就能顶两个人以至更多人用,就能借助于管理的力量,多出成果,快出成果,出好成果。

各项工作的特点不同,组织方法也应有所不同,应当根据具体情况有所区别,不能采用一种模式。

三、劳动组织的具体内容

1. 合理划分工序和工作范围。因为事物的发展呈现出阶段性,所以,任何一项工作总是随着时间的顺序而出现不同的工序,不同工序有着不同任务、不同的工作内容和不同的职责范围。各个工序之间其职责范围是互相衔接的并形成了一个整体,它们之间又是互相区别的,所以,它们既不能相互重叠,又不能相互脱节而使流程中断。

实践证明,工序重叠是管理思想混乱的一种表现。情况不明,心中无数,不但浪费人力、物力、财力和时间,而且有重叠就有其反面——脱节或空白点,大家都管,大家也都不管,缺、漏、堵、断会使整个流程中间"短路",以致整个管理无法实现。

2. 制定出切实可行的工作计划以达到预定目标(这在第二节中已经详述过,此处从略)。

3. 合理分工。如果说工序是从工作过程纵的角度说的,那么,分工则是从担负工作任务的人员横的角度讲的。在一个具体的工

120

作部门里,要根据工作计划和实际任务的要求,把每项任务分配到个人。分工明确,各管一摊,不扯皮,不推脱,就能提高工作效率;根据每个人的不同特点分配他不同性质的工作,就能最大限度地调动他的积极性和创造性。

4. 明确职责范围。分工以后,就要建立严格的岗位责任制,让每一个部门和每一个工作人员各在其位,各尽其力。这是因为图书馆中每项工作、每个环节、每个流程、每道工序都连结在一起,有一个环节不合要求,就发生连锁反应以至影响全盘工作。所以,必须从实际出发,对每个环节的职责范围、具体任务,在时间上、数量和质量上都作出严格的规定,实行岗位责任制和部门责任制。这既是进行评比和奖惩的必要依据,也是克服管理工作中官僚主义的有效措施。

5. 确定合理的工作量,实行定额管理。这在下节就要专门讨论。

第四节 图书馆的劳动定额

劳动定额是产品生产中劳动消耗的一种数量标准,是指在一定的技术组织条件下,合理规定在一定时间内生产的合格产品的数量,或者规定生产一件合格产品需要多少时间。以产品数量表现的,称为产品定额;以时间表现的叫做时间定额或工时定额。

不同的生产条件、不同的工种可以采用而且应该采用不同的定额形式。图书馆工作与厂矿企业的工作不同,因此,定额形式也不同。即便一个图书馆内部,由于各工种间存在很大差别,例如,分编工作、阅览工作及参考工作,都有很大的差别,所以,需采用不同的定额形式。

一、实行定额管理的作用

确定合理的工作量,对工作实行定额管理是科学管理图书馆的一个重要方面。它要求每个工作人员在一定时间里保质保量地完成定额工作任务。

有了比较符合实际的劳动定额,我们就可以依据它制定工作计划,准确地计算出为完成某项任务所需要的工时。

有了比较符合实际的劳动定额,我们就可以依据它改善劳动组织,合理使用人力,准确掌握工作进程。

有了比较符合实际的劳动定额,我们就可以依据它检查和衡量工作任务完成与否和完成得好坏并进行精确的统计,从而掌握每个人的劳动成果。这样就有利于开展评比活动,表彰先进,调动全馆工作人员的积极性。简而言之,劳动定额是科学管理的基础,是科学组织生产的依据;是组织劳动竞赛,不断提高生产率的工具;是企事业部门进行经济核算的依据;是正确组织工资奖励,贯彻按劳分配原则的必要条件。

确定工作定额是一项艰巨细致的工作,因此,必须从实际出发,既要经过精确的计算,又要科学地分析每个人的具体特点,结合工作性质,力求确定出合理的定额来。定额不能太高,以免挫伤群众的积极性,或者使得群众为了完成定额的数量规定便不顾工作质量上的标准;定额也不能太低,太低了就不利于充分发挥人的主观能动作用。因此,定额必须在广泛调查研究和反复实践的基础上,经过群众进行深入的讨论。

实践证明,实行劳动定额管理,对于提高工效、合理使用资金、充分调动人的积极性和发挥书刊的作用,都有着十分重要的意义。但是,必须从实际出发,区别对待,不能各馆一律(对于那些只有几名工作人员的小馆来说,在各项工作的各道工序上都要规定详细的定额,实际上既不适用,也没必要),不能各工种一律使用同一个指标(不仅各部门之间的定额各不相同,而且同一部门中不同环节甚至同一环节里的不同工序之间的定额也是不一样的)。

劳动定额不是一成不变的,而应该根据客观情况,例如工作人员觉悟提高后干劲增大了;业务水平提高后工作效率提高了;或者因时间长了技术熟练了;或者因不断总结,劳动组织更加合理了;或者采用新的设备后速度加快了等等。因此要经常调整,不断刷新,逐渐把管理工作推向新的高度,使之更加科学、合理。

二、劳动定额的制定

1. 劳动定额的水平

所谓劳动定额的水平,是指所规定的劳动定额的高低、松紧程度。它关系到能否发挥应有作用,因而是定额管理的一个重要环节。

怎样才能正确掌握好定额的水平呢?

第一,要在总结和推广先进经验的基础上制定。这就要保证定额的先进性。

第二,要处理好数量和质量的关系,防止片面追求数量而忽视质量的错误倾向。这就要保证定额的优质性。

第三,根据不同的设备、不同条件、不同工种制定不同的定额,这就要保证定额的差异性。

第四,要搞好定额的平衡工作,就要处理下列几个问题:

①不同产品的定额要平衡;

②不同单位的定额要平衡;

③不同工种的定额要平衡。

2. 确定劳动定额的方法

常见的方法大体有四种:

①经济估工法;

②统计分析法;

③类推比较法；

④技术定额法。

虽然劳动定额的管理对于图书馆的科学管理是十分必要的，但是很可惜，我国图书馆界直到目前为止，还没有实行劳动定额管理办法。过去，一些图书馆作过试验，现在也有不少图书馆在摸索、研究。现将几种确定劳动定额的方法简介如下。

1. 以先进工作者所完成的最高工作量作为劳动定额。

这种方法显然是不合适的。第一，这个工作量是先进工作者的工作量而不是一般人的工作量。众所周知，先进工作者在任何单位、任何时候总是少数的，他们在业务上通常都是尖子、是能手、是标兵，其工作量比一般工作人员的工作量要高甚至高出很多，是大多数工作人员经过相当的努力都不太容易达到的。因此，用这个"大多数工作人员经过相当的努力都不太容易达到的"指标作为定额显然过高。第二，这个指标只是先进工作者本人的"最高工作量"，有时他自己也达不到，对于普通工作人员来说就更难以达到。这种定额可谓"高标准"，但它没有群众基础，缺乏客观根据，因而是不可行的。

2. 以一定数量的人在一定时间里所完成的一定工作量的平均数作为劳动定额。

按照这种方法确定的劳动定额必然偏低，因为它取的是一种平均值，因此它是一个中等水平，而用中等水平作为劳动定额肯定不合适：①大多数人的工作水平自然地处于中间状态，所以他们不作任何努力就能达到定额指标。这就不利于调动大多数人的积极性和创造性，不利于他们的再学习和再提高。而且②由于这部分人总是大多数，是主体，他们工作的好坏对工作效率起着举足轻重的作用，没有这部分人的积极性，任务是完成不好的。让大多数人的工作量长期维持在中间状态、中等水平，就不能提高，就不能前进，就不能达到高标准。

3. 在全馆提出"新书到馆后不超过××天（限定时间）同读者见面"，即实行工作任务包干制。

这种方法缺乏科学根据，因为每批到馆新书的情况是不一样的，有时相差悬殊（数量上不等，种类上不同，内容上不一）有时从外埠采购后大批到货；有时因假期中积压（在高校馆尤为突出）；有时全是新书，有时则集中补购复本书；而且各批新书的文种、类型也不一样，因此工作量很不稳定。不仅如此，购进新书还是增添复本，使各组的工作量也极不平衡。这势必出现任务时轻时重，时缓时急，甲组紧而乙组松等，不利于调动工作人员的积极性，也不利于保证质量。

当然，在有临时性突击任务，例如为满足特殊需要时，全馆集中力量，通盘组织力量，争取短时间内完成某项任务，这种方法是可行的、有效的。

4. 根据不同工种，例如采购、分编、流通、保管、参考、阅览等工作不同的性质、不同要求，根据其繁简难易程度，经过多次试验，可以在大量的实际统计的基础上分别制定出不同的定额确定方法和不同的劳动定额指标。

这种办法原则上是可行的，只是到目前为止，尚没有一种能为各馆普遍接受的办法和指标，甚至同一类型、同一系统、同一专业的图书馆间也没有一致的意见。大家都在探索，例如有的图书馆实行"工作量计分制"，有的馆仿效外国的某种做法直接规定工作量。*

---

* 西安交大图书馆的徐亭起同志列出三个公式：

1. 计算一项工作的定额工时 $TS = M \div MS$，$M \to$ 工作量，$MS \to$ 该工作指标。

2. 单项工作需要人数 $NS(I) = Q(I) \div MS(I) \times TD$，$T \to$ 工作有效工时 7 小时，$D \to$ 每年有效工作日 200 天，$Q \to$ 全年工作量。

3. 全部定额工作所需总人数 ND，$ND = \sum_{1=1}^{N} NS(I)$。

当然,即便制定出比较合乎实际而又比较高的劳动定额也不能一劳永逸,一成不变。它同工作方法、技术设备、劳动组织、工作人员的业务水平以及是否实行标准化、规格化等等都有着极为密切的联系,因此,应该不断加以调整。

还必须指出,有一些工作,例如参考咨询工作的劳动定额很难确定。因为它的工作具有特殊的性质,例如读者提出的问题,有时只需一、两分钟就能"全解",有的则需要花费几天甚至几个月也不一定就能解决得了;而且读者的问题的"不可知性"很大,因此要制定出恰当的劳动定额是相当困难的。当然,应该进行深入研究,力求找到一套办法。

总之,劳动定额要有利于调动大多数人的积极性,有利于计划的实现或任务指标的确定与完成。

第五节　图书馆的岗位责任制

一、图书馆实行岗位责任制的作用

邓小平同志说:"任何一项工作,一个建设项目,都要实现定任务,定人员,定数量,定质量,定时间等几定制度。"*图书馆工作也不能例外,也应该这样做。

怎样真正地实行各项工作的岗位责任制?邓小平同志提出的三条措施对图书馆实行的岗位责任制来说,同样是适用的。他说:

"一要扩大管理人员的权限。责任制到人就要权力到人。当厂长的,当工程师的,当技术员的,当会计出纳的,各有各的责任,也各有各的权力,别人不能侵犯。只交责任,不交权力,责任制非

---

* 邓小平文选/邓小平著.—北京:人民出版社,1983,第141页

落空不可。

二要善于选用人员,量才授予职责。

三要严格考核,赏惩分明。所有的企业、学校、研究单位、机关都要有对工作的评比和考核,要有学术职称、技术职称和荣誉称号。要根据工作成绩的大小,好坏,有赏有罚,有升有降。而且,这种赏罚、升降必须同物质利益联系起来。"*

实践证明,这三条措施是行之有效的,它能使岗位责任制的作用得到充分的发挥。图书馆实行岗位责任制的作用是多方面的,从总的方面上讲,将有力地促进图书馆事业的发展,具体些说:

1. 岗位责任制是保证图书馆事业稳步发展的有力措施。

作为一项制度,岗位责任制对每个岗位和每个岗位上的每个工作人员以及每个工作人员的每项工作的范围、内容和要求(包括数量、质量和工作程序、方法等)都作出了明确的规定,因而它带有一定的法制性和约束力。有了它,就能解决工作中的乱、差,就可以据以检查工作,考核每个工作人员的工作情况,最后统一大家的行动。

2. 岗位责任制是实现图书馆管理科学化的必要措施。

包括岗位责任制在内的图书馆各项规章制度像链条一样把各部门的工作环环紧扣,串为一体,对全馆的工作流程、业务衔接及服务目标都作了明确的规定,从而使整个工作成为一个有机整体,有条不紊,井然有序。

3. 岗位责任制是实行精简机构、人员定编的可靠依据。

机构要精简,人员要定编,但根据在哪?实行岗位责任制以后,各个部门的职能是什么?工作范围是什么?各人的责任是什么?工作质量和数量的具体要求又是什么?所有这一切都会清清楚楚。这样,可以避免机构重叠,劳动重复,以便充分发挥全体工

---

* 邓小平文选/邓小平著. —北京:人民出版社,1983,第 141 页

作人员的聪明才智。

4.岗位责任制可以推动社会主义精神文明的建设。

①实行岗位责任制能高度发扬社会主义主人翁精神,它要求每个工作人员从思想上认识到自己的责任,努力尽职尽责。

②实行岗位责任制能督促人们去思考,对工作进行改革,出主意,想办法,努力提高工作效率和工作质量,改进服务态度。

③实行岗位责任制能"是非清楚,赏罚分明"。它像天平,谁个好,谁个差,哪个该表扬,哪个该批评,都一目了然。这样就有利于赶先进,帮后进,大家携手向前进。

5.实行岗位责任制有利于提高工作效率。

实行岗位责任制后,每个人都必须坚守自己的工作岗位,并按照劳动定额的规定,保质保量地完成任务。这样,就能从根本上杜绝松懈、拖拉、职责不明、互相推诿等现象,就能既从整体上(一个部或一个组,一个工种或一道工序),又能从个体上(每个工作人员),保证工作的高质量、高效率。

总而言之,实行岗位责任制以后,就会形成:"事事有人做,人人有事做",质量好,效率高的局面。

在试行岗位责任制的过程中应该注重下列问题。

第一,一个工作人员的具体工作应该与他的技术职称相适应,使之"名副其实"。这就是说,不同技术职称的人在担任同种工作时其要求不应一样,要保持相应的、合理的差别,换句话说,同一个工作岗位上不同技术职称的人应有不同的要求。

第二,此一岗位与彼一岗位的工作量应该相对地保持平衡,不能相差悬殊。

第三,在执行的过程中还要与奖罚制度结合起来,以保证贯彻实施。

第四,要处理好以下四个关系:

①分工与合作之间的关系。

实行岗位责任制以后,部门职责清楚,个人职责分明,从而能克服互相推诿、扯皮、重复劳动等弊病。但是,分工不是分家。各单位、各部门之间需要合作。没有合作的分工,对整个图书馆工作来说,是分而不工;没有分工的合作,结果很难工作。况且,在图书馆工作中,常常会有一些全馆性的或突击性的工作,这些工作都不是一个部门所能独立完成的。这时不仅需要合作,而且可以说必须统一行动,协同作战。

②制度条文的严密性与执行掌握的灵活性之间的关系。

制度是一种科学的东西,本身具有严密性,但是,最好的制度也要在执行中体现其灵活性。实际工作是错综复杂的,因此不能一个模式。具体问题要具体分析,不能强求一致。

③精简机构与留有余地之间的关系。

在确定机构设置和人员编制时,要注意减少机构层次,精减办事人员;要注意干部的革命化、年轻化、知识化和专业化;既要高标准要求,又不能满打满算、毫无机动,应该留有一定余地。

④依靠制度约束和开展思想教育之间的关系。

实践证明,岗位责任制是行之有效的好制度。但是,它不是万能的,它只能从一个侧面鼓励上进,推动后进。许多问题的解决只靠制度还是不够的,还要靠人的思想觉悟,要建设精神文明。树立了责任感和事业心,而且与规章制度结合起来,就能发挥巨大的威力。

二、岗位责任制的内容和要求

1. 岗位责任制的内容

①关于某工作岗位的工作范围的规定。图书馆的工作很多,而每个人都在一定的岗位上,不同岗位上的工作范围当然不同。例如馆长有馆长的工作职责范围,采购员有采购员的工作范围等等。因此,必须对各项工作的职责范围作出明确的规定。

②关于工作人员职业道德的规定。有了职责范围以后,还要对具体任务以及完成任务所必需的职业道德提出要求。例如,坚守岗位,热心为读者服务,文明礼貌等等。

③关于工作人员处理问题权限的规定。为了提高工效,为了调动每个人的积极性和主动精神,为了实行民主管理,应对每个人在工作中碰到的问题可以自行处理的权限作出相应的规定。

2.实行岗位责任制的要求

①每条规定的内容都应实在具体,切实可行;

②条文的词义要明白,文字要精炼,易懂易记,便于实行。

三、岗位责任制的实施和检查

岗位责任制的作用只有在实施以后才能发挥出来。在具体实施过程中,最基本的要求就是把"责、权、利"三者有机地结合起来。

所谓"责",就是一个工作人员应尽的责任,必须完成的工作任务。没有这一条,就无所谓"责任制"。

所谓"权",就是一个工作人员在工作的整个过程中所享有的某些权力。这是他们尽职尽责的基本保证。没有这一条,只有"责"而无"权",就会失去平衡,结果是工作处处被动、消极,低效。

所谓"利",就是一个工作人员获得某种荣誉(例如光荣称号等)和物质利益(例如奖金奖品等)。没有这一条,"责"、"权"就失去基础,群众的干劲既不能持久,更不会提高。

怎样把三者结合起来呢?在目前的条件下,每个图书馆可以实行奖金分等,不搞平均主义。表现好、工作成绩大的就多得些,并给予一定的精神鼓励。反之,就要少得奖金以至不得奖金,甚至要受批评。

为了保证这一点,必须扩大图书馆的自主权,其中很重要的一点就是要有一定的"财权"。

至于对岗位责任制执行情况的检查，则是保证它发挥作用并持久发挥作用的关键，必须狠抓落实。

首先，应将每一个工作人员的劳动定额完成情况及时记录下来，作为考核、评比的材料，并将评比结果载入业务档案，作为评优、晋级、提升和评定职称的重要依据。

其次，公布各个工作岗位的"劳动定额"，以便互相监督，互相促进。

最后，对于玩忽职守，发生责任事故的工作人员，应进行批评，并根据情况给予适当的处分。

现在，许多图书馆都在实行岗位责任制，也都在不断地完善这种制度。

第六节　图书馆内部的协调

这里所说的"协调"，从系统论角度看，就是在大系统内，通过控制、调节，使局部小系统既互相制约，又互相配合，彼此促进，以实现全局最优化。因此，要协调，就要建立合理的管理体制，健全管理制度，落实管理政策，从而使管理方法符合科学要求，管理措施成龙配套。

应当指出，不仅馆与馆之间有个协调问题（它在图书馆事业的科学管理上起重要作用），而且一个图书馆内部各工作部门之间，一个工作部门里不同工作环节之间以至一个环节里的不同工序之间也都有个协调问题。

必须着重指出，分工并不是现代化管理的终结，分工不是万能的。尽管它表现出生产力发展的水平，但同时也会带来许多新的问题。例如，分工特别容易在时间和空间、数量和质量等方面出现脱节现象，因此，必须建立强有力的组织管理机构，以使各个方面步调一致,同心同德,有计划、按比例,综合平衡,全面发展,这样才能创造出真正的高水平。用现代管理科学的观点看问题,这就是"分而后合"的整分合原理,即在整体规划下有明确的分工,同时在分工的基础上进行有效的综合。

协调的内容是多方面的。图书馆里的许多工作实际上都是各部分协调一致的结果,所以有人说:"各个工作环节之间高度的协调一致就是图书馆的科学管理",是有它的道理的。馆际间的协调,其内容也是很丰富的。例如同一地区各馆关于读者工作服务范围的划分(或按地区划分,或按专业划分);藏书建设的合理分工;人才的协同使用(例如图书馆学教育所需师资);联合目录的编制;业务活动的联合举办;计算机检索网的共同建立及其它活动等,都需要各馆共同努力。

管理学认为,协调是管理的一项功能。正如马克思所说:"凡是有许多个人进行协作的劳动,过程的联系和统一,都必然要表现在一个指挥的意志上,表现在各种与局部劳动无关而与工场全部活动有关的职能上,就像一个乐队有一个指挥一样。"*从某种意义上说,管理就是指挥,而指挥本身就起协调作用。因此,图书馆管理者的中心任务就是要在工作方向、时间配合、努力程度和不同意见之间进行协调,并把每个人的目标同整个工作的总目标联系起来,充分发挥整体的作用。在进行协调的过程中,应遵守下列原则:

一、直接接触原则

所谓"直接接触",是说协调者有赖于人与人之间的合作。大家直接交流思想,讨论工作,消除偏见,研究问题,同心而后协力。管理的领导者要面向群众,深入群众,接触群众,倾听群众的意见,

---

* 资本论 第三卷/(德)马克思著.—北京:人民出版社,1975

采纳群众的合理建议,解决群众的问题。这样,就能消除不协调现象,就能求矢量和而弃矢量差,大家步调一致,动作和谐,取得最佳工作效果。

二、贯彻始终原则

协调贯穿于整个过程的始终,因此,在规划实施的初始阶段就应该进行协调,而在过程当中随时可根据出现的新情况加以协调,一直达到预期目标为止。

思考题

1. 制订工作计划对科学管理有什么意义?
2. 怎样科学地组织劳动?
3. 定额管理有优点,但有没有缺点? 你能指出它的局限性吗?

本章参考文献

1. 办好高等学校图书馆的浅见/黄宗忠著//武汉大学学报(人文科学版).—1963(4)
2. 加强图书资料队伍建设,实行科学的考核管理办法/李涵勤,林国乐著//图书馆学刊.—1980(2)
3. 图书馆学基础 第九章/北京大学,武汉大学编.北京:商务印书馆,1981
4. 图书馆管理科学功能刍议/刘英麟著//东北地区图书馆学科学讨论会论文.—1981
5. 图书馆工作管理科学化概论/辛希孟,江乃武编著.长春:吉林省图书

馆学会,1981

6. 关于图书馆管理的意义、目的、内容和方法/汪恩来,张德芳著//四川图书馆学报. —1981(3)

7. 谈谈图书馆的岗位责任制/陈丽辉著//图书情报工作. —1982(5)

8. 岗位责任制与图书馆的科学管理/叶铭著/图书馆杂志. —1983(2)

9. 在改革中建立岗位责任制的几个问题/郭星寿著//图书馆工作与研究. —1983(3)

10. 图书流通工作怎样实行定额管理/刘炳延著//图书馆工作与研究. —1983(3)

第九章 图书馆人员的管理

图书馆里的一切工作都是通过图书馆员来实现的，因此，对图书馆工作人员的管理是最根本的管理，必须用被科学管理了的人来科学地管理图书馆。

人员的管理是极其复杂的，它涉及到许多问题。本章只讨论图书馆人员的比例确定、基本要求、技术职称、智力结构以及队伍建设和业务档案的建立等问题。至于劳动组织和劳动定额等问题，已放在第八章"工作组织"里进行详细讨论。

第一节 图书馆人员的比例确定

一、一般情况

同任何事物都有其量和质两个方面一样，图书馆的工作人员也有其量和质两方面的要求。这一节着重讨论图书馆员的数量方面，第二节"图书馆人员的基本要求"则主要侧重研究其质量方面。

如何确定图书馆工作人员的合理数量呢？

到目前为止，我们还没有总结出一种适合我国实际状况的、根据藏书与读者等情况来配备工作人员的科学比例。六十年代以前曾经有过一种说法,叫做"图书馆每增加一万册图书增加一名工作人员"。在我国一直没有正式实行过,因此,它只能是个参考数据。后来,文化部1982年颁布了文图字(82)第1548号文件《省(自治区、市)图书馆工作条例》第廿一条规定:"省馆要根据精简的原则确定人员编制。定编可参照下述标准:以五十万册图书、七十名工作人员为基数,每增加一万至一万三千册图书,增编一人。""行政人员一般不得超过总编制额的百分之十七。"条例明确了图书馆工作人员的基数,规定了人员比例。1978年12月中国科学院颁布的《中国科学院图书情报工作暂行条例》(试行草案)第20条规定:"院图书馆、院地区图书馆和所情报研究室都应按其工作性质、服务规模、文献数量和业务发展等情况确定人员编制。所图书情报人员的编制名额一般占全所人员总数的百分之五,人员较少的单位,比例可大一些。"

1981年9月15日在北京召开了全国高等学校图书馆第二次工作会议。会上通过了《中华人民共和国高等学校图书馆工作条例》,10月15五日正式由高教部颁发。该条例第四章"工作人员"中规定:"各校可参考下述比例研究确定本校图书馆专业人员的编制:(一)以学生一千人,藏书五万册配备十五名专业人员为基数;(二)在此基数上每增加一百名学生、五十名研究生各增加一名专业人员;每增加五万册藏书增加一名专业人员;年平均进书量一万册配备三名专业人员。党政干部、研究和应用现代化技术手段(计算机、缩微、复制等)的技术人员、从事设备维修、装订等的技术工人及公勤人员,应根据实际需要另列编制。"

这个条例,对高校图书馆工作人员的基数、工作人员与藏书和读者数量的比例、专业人员与行政干部和技术人员的比例都作了明文的规定。当然,它还需要在实践中验证,各馆应结合实际恰当地确定应有的人员数量。

尽管我们现在还没有找到计算图书馆工作人员数量的精确公

式,但是我们却可以抓住影响工作人员数量的决定因素——工作量,并就其各个方面,例如机构设置的繁简(包括是否设有分馆以及分馆的数目)、工作范围的宽窄、读者人数的多少、馆藏量的大小、开馆时间的长短等方面,进行全面的分析和研究。

二、影响人员数量的几个因素

1. 与机构设置和工作范围的关系。众所周知,设有什么机构就要开展什么工作,或者开展什么工作就需要设立什么机构。反之,不开展某种工作就不需要设立某种机构,没有某种机构是因为没开展那项工作。例如甲馆除采编、流通和阅览外,还设有参考咨询部、研究辅导部并开展复印和代译工作,而乙馆则没有这些机构。显然,甲乙两馆的工作量是不一样的,他们在工作人员的配备上必然存在很大的差别。

由此可见,我们在确定图书馆工作人员数量的时候,首先必须对各个系统、各个类型和各种规模图书馆的机构设置及业务范围作出明确的规定,然后根据这些规定估算出它们的工作量,再根据工作量确定工作人员的名额。

2. 与读者人数的关系。图书馆的工作量与读者人数成正比关系,即读者人数越多,图书馆的工作量就越大。前引条例上规定,一千名学生配备十五名工作人员,那末二千名学生呢? 十五名工作人员显然就不够了,因而应当相应增加编制。当然,在读者当中应当区别各种情况,因为不同读者对图书资料的需求量是不同的。

3. 与借书册限的关系。一个读者发几张借书卡,或者一次限借几本书,这对借书总量影响极大。例如,规定一个读者只发三张借书卡,那末一千名读者就是三千张;如果把借书册限提高到五本,那末一千名读者就要借出五千册,工作量比原来增加了三分之二。显而易见,原来的十五名工作人员就难以应付,必须相应增加工作人员,按工作量计算,还需增加十名工作人员。至于每个读者是不是都借足三本或五册,情况难以预计,在具体计算时只能借助于统计。

4. 与借书期限的关系。借期长,借还书的频率就低,工作量就减小;反之,借期短,借还书的频率就高,工作量就加大。例如,借期规定为三个月,那末一千名读者一年里的总借书量就是:$3 \times (12 \div 3) \times 1000 = 12000$ 册次(我们假定每个读者每次都借足三册而且每册都借阅三个月以后还)。如果借期改为一个月,那末,一千个读者一年里的总借书量是:$3 \times (12 \div 1) \times 1000 = 36000$ 册次(我们也假定每个读者每次都借足三册但每册都借一个月以后还)。工作量较原先增加了三倍,因此,工作人员就要随之增加。当然,这种增加不是成倍数地增长,但人员增编则是肯定的。我们相信,通过大量的统计和研究,是可以找到其中的比例关系的。

5. 与藏书量的关系。藏书从进馆一直到为读者所利用,其间要经过一系列的技术处理。这就是说,藏书量越多就意味着采购量、分编量(或称加工量)、保管量(或称存贮量)、流通量、报导量和咨询量就越多,因而需要的工作人员也就越多。

应当指出,一个馆的藏书量总有它的极限,它不可能百而千、千而万以至万而亿地无限递增下去。随着时间的推移,知识逐渐老化,藏书也就出现呆滞现象,因而就有个剔旧的问题。图书馆藏书与其它事物一样,都要新陈代谢。所以我们不大赞成"每增加××册书增加×名业务人员"的提法,这种提法不严密。藏书剔旧,数量少了,工作人员也应相应减少或开展其它工作。

6. 与开馆时间的关系。开馆时间越长,工作量就越大,需要工作人员也就越多。例如某馆原先每天开馆 8 小时(假如每周休息一天不开放),那末全馆十五名工作人员每周总工作时间就是:$8 \times 6 \times 15 = 720$ 小时。如果增加开放时间,每天开放 10 小时,而且星期天也开放 10 小时,那末全馆十五名工作人员每周总工作时间便是:$10 \times 7 \times 15 = 1050$ 小时。按一名工作人员一天工作 8 小时计算,该馆还需增添六名工作人员。

除了以上六个方面,图书馆工作人员的数量还与图书馆工作的自动化程度、服务方式(是闭架、半开架还是全开架)等有着密切的关系,在具体定编时应该综合起来全面考虑。

三、介绍几个计算公式

1. 国外有许多图书馆学者在积极从事这方面的研究,而且取得了较大的进展。这里仅举一例,即美国的 P. 梅兹和 E. A. 斯克特二人在《关于弗吉尼亚学院图书馆人员定编的建议方案》中为三类大学图书馆人员的定编问题列出了三个计算公式:*

① 社区(初级)大学图书馆人员的编制是:

$$3 + \frac{学生兼做图书馆工作的日当量}{500} + \frac{教员兼做图书馆工作日当量}{50}$$

② 四年制大学图书馆的人员编制是:

$$9 + \frac{学生兼做图书馆工作日当量}{400} + \frac{教员兼做图书馆工作日当量}{40}$$

③ 综合性大学图书馆的人员编制是:

$$9 + \frac{本科生兼做图书馆工作日当量}{400} + \frac{研究生兼做图书馆工作日当量}{100} + \frac{教员兼做图书馆工作日当量}{35}$$

在美国,好些图书馆的工作人员是由专职馆员和兼职馆员两

---

* P. Metz & E. A. Scott:《A proposed staffing Formula for Virginias Academic Libraries》(College & Research Library March 1981. V. 42 №2. PP. 126 – 133)

部分组成的,而且二者的比例通常是2∶3,即专职馆员少于兼职馆员。我国情况则不同,没有兼职馆员,所以,上面的公式并不适用。但是如果我们把"学生(包括在校生、毕业生)和教员兼做图书馆工作日当量"换成"学生和教工利用图书馆日当量",那末,这个公式对我们计算图书馆工作人员的数量问题,将是很有借鉴价值的。

2. 世界著名的图书馆学家、印度图书馆学和情报学的奠基人阮冈纳赞早在一九四八年就提出并在一九五九年重申了如下确定图书馆工作人员数量的公式:

①确定全体专业人员的公式是:

$$SB + SC + BL + SM + SP + SR + ST$$

$$= \frac{\left\{ 3(A+400) + 2(G+3P) + 2W(H+6)\dfrac{R}{50} \right\}}{3000}$$

②确定非专业技术人员的公式是: $\dfrac{B}{30000} + \dfrac{S}{100}$

③确定非技能人员的公式是: $\dfrac{SB}{4} + \dfrac{SC}{2} + SL + \dfrac{SM}{4} + \dfrac{SP}{2} + \dfrac{SR}{8} +$

$\dfrac{A}{20000} + \dfrac{D}{500} + \dfrac{B}{60000} + \dfrac{S}{100}4 + \dfrac{V}{30000} = \Big[27A + 2(B + 120D)$

$+ 40(G+3P) + 30000(\dfrac{S}{100}) + 4V + 2W(40A+3)\dfrac{(\dfrac{R}{50})}{120000} \Big]$

其中:

A = 年进新书数(册)　　　S = 容纳读者数

B = 年预算资金　　　　　V = 馆藏数(册)

D = 期刊文献数　　　　　W = 年工作日(天)

G = 年提供流通时数　　　P = 接收期刊数

H = 每天开馆时数

140

$$SB = \frac{A}{60000} \,(\text{图书部每人每年应选订入书 } 60000 \text{ 册})$$

$$SC = \frac{G}{1500} \,(\text{流通部每人每年应流通 } 1500 \text{ 小时})$$

$$SL = \frac{HW}{1500} \,(\text{馆员及助手每人每年应工作 } 1500 \text{ 小时})$$

$$SM = \frac{A}{3000} \,(SM = \text{保管部每人每年上架、维修图书 } 3000 \text{ 册})$$

$$SP = \frac{P}{500} \,(\text{期刊部每人每年搜藏、记录 } 500 \text{ 种期刊})$$

$$SR = \frac{R}{50} \times \frac{W}{250} \,(\text{咨询部每人每天咨询 } 50 \text{ 名读者})$$

$$ST = \frac{A + 40D}{2000} \,(\text{技术部每人每天编 } 8 \text{ 种书})$$

前提：每年工作 250 天，每天工作 6~6.5 小时。*

3. 国外还有人列出这样的公式：

$$\text{图书馆人员编制} = \frac{Aa + Bb + Cc + Dd + Ee^{**}}{110340 \,(\text{分钟})}$$

式中：A = 藏书总数；　　　a = 2.616（每册书的持续时间）

B = 年进书量；　　　　b = 139.283（每册书的处理时间）

C = 师生总数；　　　　c = 178.959（师生共同服务时间）

D = 学生人数；　　　　d = 207.571（学生所需服务时间）

E = 教师人数；　　　　e = 174.174（教师所需服务时间）

4. 鲍林涛同志提出了一个关于计算公共图书馆人员编制的公式：

---

* 见《四川图书馆学报》,1983(2),P23~24

** 见肖自力同志 1980 年在陕西地区图书馆业务研讨会上的发言

$$\frac{馆员}{人数} = \frac{城市人口 \div 10000 + 藏书册数 \div 10000}{2} + \frac{辅导}{人数}$$

据鲍林涛同志解释,因为省馆和所在地的市馆实际等于两个馆,所以除以2。关于辅导人员的数量,从24个省级馆的辅导人员的实际人数统计中,得出平均人数是6.3人,可进为7人。

除了馆员的具体人数外,还有一个相关的问题,就是各种人员相互间的比例问题。对于这个问题,陈源蒸同志曾经提出一个设想,他认为外借人员应占总人数的35%,参考人员占15%,内部工作人员占30%,而行政人员占20%,此外,从质量上看,建议馆员级的占全体人员的三分之一,其中专业人员占三分之一,外语人员占三分之一,其它学科占三分之一。*

第二节　图书馆人员的基本要求

做一名称职的、在图书馆与读者之间起着"耳目"、"尖兵"和"参谋"作用的图书馆员并不是一件容易的事情。他们需要具备相当的水平,要达到一定的要求。至于各类职称人员的要求,参看本章附录。

一、基本功

图书馆的业务人员,不管他们具体做什么工作,但他们每个人都必须具备基本条件(基本理论和基本技能),通常把这称作图书馆工作人员的"基本功"。实践证明,下列要求对于图书馆业务人员来说是基本的。

第一,应当具有乐于为读者服务的精神和善于为读者服务的

---

* 图书馆系统分析/陈源蒸编著.—油印本.—北京:北京大学图书馆,1981

本领。这一条是基本功里最基本的一条。

第二,应当具有能迅速了解图书以及采购、分类、编目并且向读者推荐图书、指导阅读的能力。

第三,应当具有正确运用祖国语言准确表达思想、总结工作的能力。

第四,应当具有图书馆学的基础知识,熟练开展本职工作。

第五,应当具有基本工具书和参考书的知识以及利用它们的方法,从事自学和帮助读者解答问题的能力。

第六,应当具有目录学的基础知识,并能凭借图书馆目录宣传图书,指导阅读。

毋庸讳言,目前,我国各种类型的图书馆工作人员的实际水平普遍较低。与先进水平相比,我们的差距主要在科学文化水平上,其实际状况远远不能适应四个现代化的迫切要求。这也是我国图书馆管理水平低的一个重要原因。

二、专门技能

图书馆里的工作是各种各样的,因此,对馆员的要求也深浅不一。不仅如此,图书馆里的每一项具体工作也都有一个基本要求、较高要求和最高要求的问题。因此,除了普遍的要求以外,还必须对工作人员提出更高的业务要求。

第一,他们必须熟练掌握图书馆员的基本功,精通图书馆学;

第二,他们必须熟悉现代科学技术和现代设备知识;

第三,他们必须掌握一门至两门外国语;

第四,他们必须具有广泛的世界史和世界地理知识;

第五,他们必须掌握目录学知识并能编制专题文献目录,能从事科技文献检索;

第六,他们必须具有本职工作的专门业务知识。

这六条不是对所有工作人员的普遍要求,但是对某些图书馆工作者来说却又是基本的东西,因此,在这个意义上也可以把这些看作一种"基本功"。

从管理角度看,图书馆的管理人员应具备现代管理知识,概括起来大致有六个方面。

1. 学——学问

"学",指的是大脑记忆区的信息库存量,它包括概念、理论、经验、情况、政策等等。

图书馆工作人员尤其是管理人员应该具有广泛的知识,应该具有自然科学、技术科学和社会科学的基本概念、基本理论和基本知识。

图书馆人员尤其是管理人员对图书馆管理学要有较深的研究,并具有科学学、人才学、系统工程学、管理数学、经济学等基本知识,要了解信息论、控制论、系统论及电子计算机在图书馆中的应用等。

2. 才——才能、智能

"才",是活化知识、运用知识的能力,主要包括自学能力、研究能力、思维能力、表达能力、组织管理能力。其核心是具有正确的思维能力。

思维能力包括判断能力、创造能力、想象能力和综合概括能力。

表达能力指的是语言表达能力、文学表达能力、曲线图表的表达能力和数理统计的表达能力。

组织管理能力包括计划、决断能力和指挥管理能力等。

3. 识——见识

"识",就是有远见、有头脑、有卓识,能预测,因而对自己的奋斗目标清楚,对成功充满信心,并能知己知彼,能扬长避短,能抓住时机采取果断措施以调整原计划中不适当的部分。

4. 质——素质

144

"质",是获得"学"、"才"和"识"的生理基础,它包括天资、气质、智力等方面,如灵敏度、记忆力和理解能力、操作能力等等。

5. 德——道德修养

"德",是发挥"学"、"才"、"识"和"质"的动力,这里主要指政治道德修养。它包括事业心、献身精神、服务精神、责任感、正义感、进取心、探索精神、毅力、韧劲、谦逊、宽容、同情心等等。其中首要是事业心,有了事业心就会有信心、有干劲。

6. 体——体质

"体",包括体力和脑力两个方面。图书馆的管理人员不但要有健康的体魄,能够从事相当强度的体力劳动,而且要善于用脑,出主意,想办法,从事周密细致的脑力劳动。

以上六点是理想中的知识结构。但是,"金无足赤,人无完人",一个人不可能集中全部优点。然而这却是图书馆工作者的努力方向。这一点我们在第四节"图书馆人员的智力结构"里还要详细讨论。

第三节　图书馆人员的技术职称

长期以来,我国图书馆界一直没有自己的专业干部的技术职称,这是我国图书馆事业落后的一种表现。1979 年,教育部、中国科学院、国家文物事业管理局等部门先后就所属系统图书馆专业干部的定职、提职问题,提出过一些办法,有些办法还在一定的范围内试行过。但是,各系统的规定不相一致,因而在试行中出现了不少困难。后来,由文化部、教育部、中国科学院、中国社会科学院、国家档案局和国家人事局等单位共同组织力量,研究制定了适用于各种类型图书馆、档案馆和资料部门的专业干部技术职称的文件——《图书、档案、资料专业干部职称暂行规定》。

这个"暂行规定"历时一年,七易其稿,最后在 1981 年 1 月 30 日由国务院批准颁发。这对图书馆工作者来说真是一件大事,它不仅体现了党和国家对我们的关怀,而且也向我们提出了更高的要求。它将稳定和加强图书馆专业队伍的建设,进一步调动广大图书馆工作者的积极性和创造性,努力钻研业务,提高管理水平和服务质量,为发展社会主义的科学文化和教育事业作出更大贡献。

与职称有连带关系的是图书馆人员的待遇问题。按劳取酬,这是社会主义的分配原则。技术职称是实行按劳分配的重要依据。《中华人民共和国高等学校图书馆工作条例》第二十六条明文规定:"高等学校图书馆的专业人员是教学和科学研究队伍的组成部分,应按职称与相应的教学和科学研究人员享受相同待遇。"具体些说,研究馆员相当于教授;副研究馆员相当于副教授;馆员相当于讲师;助理馆员相当于助教;管理员则与技术员大体上相当。

根据我国目前的实际状况,要想在短时间内实行"职称工资制"或"职务工资制"是不大可能的。但是按劳取酬是社会主义总的分配原则,为建设社会主义高度的精神文明和物质文明辛勤劳动的图书馆工作者一定能得到社会的尊敬,得到恰当的报酬。

制定干部的技术职称是一回事,能不能达到这些要求又是另一回事。为了帮助每个干部达到职称的标准,应该坚持对干部实行考核制度,合格后方得晋级定职。我国最近提出的"业务水平"、"工作能力"、"劳动态度"和"贡献大小",是制定考核的标准,而不是标准本身,因此有待进一步具体化。

美国的 E. 劳德塞普等人对工程师提出了衡量其业务能力的八项尺度可供我们参考。

1. 工作质量;

2. 工作数量;

3. 创造性；

4. 首创性和独立性；

5. 工作态度；

6. 业务知识；

7. 同人相处的技巧；

8. 表达意见的技巧。

第四节　图书馆人员的智力结构

众所周知,管理的机构是由人组成的,管理的职能是由人完成的,管理的信息是由人传递的,管理的指令是由人决定的。所以,管理效果的好坏,管理水平的高低,都与人发生最直接的关系。可见,人是管理中最活泼的决定因素。因此,要使管理科学化,就必须使人员的配备合理化,组成最佳的智力结构。

最佳的智力结构应当包括:专业结构整体化;年龄结构多样化;智能结构个别化;知识结构立体化;素质结构多维化;领导结构高能化。

一、专业结构整体化

广而言之,所谓专业结构,是说根据不同专业,按照一定的比例把各种智力要素组成一个合理的结构。科学本身就是一个完整的知识结构,而社会上的各行各业都是人类知识之树的枝叶,都属于一定的专业。

应当强调指出,当今学科日趋繁多,彼此交叉渗透而不可分割,每一门类都在同整个科学体系的联系中发展。因此,"想单科独进地发展科学已经很困难了,当代重大的科技问题和社会问题都具有综合性的特点,必须综合运用多种科学的知识和多种技术手段才能解决。现在已经进入了如不制定考虑各门科学和各种技术相互配合的计划,所有重大课题都不能解决的时代"。* 即便是专业相当单一的部门也存在专业内部的分工问题。这就是知识的整体化。大的专业部门有大的整体化,小的专业部门有小的整体化。总之,是整体化,而不是个体化。因此,图书馆就应该从整体上设计它的专业结构:①要有业务管理的、行政管理的和政治思想管理的专业人员及专业知识;②要有社会科学的、自然科学的、技术科学的以及语言科学的专业人员及专业知识;③要有通晓图书馆学的、情报学的及其相关学科的专业人员及专业知识;④要有决策指挥层的、组织执行层的及具体操作层的专业人员和专业知识等。如果每个图书馆都配备了与本馆读者所从事的专业相适应的专业人才,就能获得完整的专业结构。

二、年龄结构多样化

人的年龄、资历、学识和能力各不相同。一般来说,老年人阅历长,见识广,经验丰富,可谓"老马识途";中年人学问深,工夫硬,年富力强,堪称"中流砥柱";青年人干劲大,热情高,精力充沛,正是"年轻有为"。同样,图书馆里的工作多种多样,既有难易之分,又有粗细之别——有些工作只有老年人才能承担,有些任务要由年轻人去完成,有些问题又要靠中年人来解决。因此,图书馆的工作,单靠哪一代人都不行,清一色的年龄结构既不符合客观实际,又违背客观规律。只有老、中、青分工合作,才能相得益彰,组成一个力量大的立体梯队。

当然,所谓老、中、青,在年龄上没有一个绝对的具体分界线。事实上,不是每个青年人都朝气蓬勃;不是每个中年人都是栋梁之

---

* 科学学 管理学 人才学简明教程/周吉,陈文编著.—武汉:"潜科学"联络站,1980

才;也不是每个老年人都老态龙钟。必须让每一个人都各在其位，各得其所，各尽其力，各负其责。

三、智能结构个别化

人们之间不但年龄上有差别，而且在智能上也是各有特点的——有人足智多谋，有人善于辞令，有人精明强悍，有人坚韧不拔，有人脚踏实地，有人埋头钻研，有人好动，有人喜静，有人手快，有人心细……总之，千人千面，各具特点。"任人之长，不强其短；任人之工，不强其拙"（晏子春秋）。

是把智能特点相同的或相近的组织在一起好，还是把智能特点不同的人结合在一起好？实践证明，水平相当、智能相同的人往往合作不好，而水平不一、智能有别的人反而能步调一致，长年共事。这是因为，所谓特点，可以是优点（在工作特点与智能特点相适应的时候），也可以变成缺点（在工作特点与智能特点不相适应甚至相抵触的时候）。因此，图书馆里有各种各样的工作，而各种工作又都具有各自的特点，所以就必须配备各种各样智能特点的人来完成。只有多样化的智能结构才能发挥多种效能，完成只有他们互相配合起来才能完成的任务。

四、知识结构立体化

一个图书馆，要由管理员、助理馆员、馆员、副研究馆员和研究馆员共同开展工作。这就是说，一个合理的知识结构必须由低级、中级、高级三个知识级的人按照一定的比例组成一个完整的知识结构。一个图书馆全都是管理员不行，反之，全都是副研究馆员或研究馆员也不行。用高知识等级的人去做低等级工作是人力的浪费，反之，用低知识等级的人去做高等级工作也是一种人力的浪费。因此，要实行科学管理，必须区别对待，把所有工作人员的所有能量全部发挥出来，以收到最佳效果。

五、素质结构多维化

人的素质是不同的,有古典型的、浪漫型的、创造型的、条理型的、探索型的、推测型的……有人说过,"在一个素质结构中,如果皆由创造型人才组成,那可能是一个十分糟糕的结构,其糟糕程度不亚于一个由世上所有优秀独唱家组成的合唱团的演出。"* 因此,要"知人善任",按照个人的特点分配他恰如其分的工作。这样,就能用较少的人办较多的事,收到事半功倍的效果。

六、领导结构高能化

所谓"领导结构高能化",指的是领导班子的完整性:政工干部、业务干部和后勤(行政)干部,三者缺一不可。这三种干部又都应该革命化、专业化、年轻化、知识化。

1. 革命化

我们要在社会主义制度下实现中国式的图书馆现代化。我们的干部尤其是图书馆的管理干部必须努力实现自身的思想革命化,即坚持社会主义方向,树立马列主义的基本观点,在政治上和思想上与党中央保持一致。

2. 专业化

领导班子专业化,这是时代的要求。这里的专业化不是狭义上的专家化。这是因为,一个单位的领导成员全都是工程师并不是一个好班子,而是一个先天不足的班子;全是政工干部,没有内行的专业干部也不成,那要脱离实际,削弱领导甚至丧失实际上的领导权,图书馆肯定管理不好;缺少勤勤恳恳的"后勤部长"也不行,工作无法维持。所谓专业化,是说不管政工干部、业务干部还

---

* 科学学　管理学　人才学简明教程/周吉,陈文编著.—武汉:"潜科学"联络站,1980

是行政干部,他们都有自己的专业,他们都应该各自成为政治思想工作的管理专家、业务工作的管理专家和行政工作的管理专家。这样的班子才是强有力的、具有权威的指挥中心。

3. 年轻化

领导班子趋于年轻化,这是客观规律。要让有才干的人在最佳年龄期发挥出最佳作用,取得最佳效果。当然,人的知识、人的本领和人的能力与年龄并不存在必然的联系。所谓年轻,是一个相对的概念。五十九岁的人未必都年老,十一岁的人未必都年轻。要从实际出发,不能简单地以年龄划线。

4. 知识化

领导班子知识化与专业化密切相关。列宁说过:"要管理就要内行,就要精通生产的一切条件,就要懂得现代高度的生产技术,就要有一定的科学修养。"*因此,领导班子的知识结构要高、全,不能偏低、不能空白。

这四化是一个有机的整体,不能偏废。

领导成员之间要团结、互助,要讲友谊和谅解,要讲同心和协力。性格不合,志趣不投,情操相悖,风格相背就思路不一,内耗丛生,相互扯皮,力量相互抵消,就没有战斗力,就指挥不灵。

必须指出,"全才"、"完人"是极其罕见的,甚至是没有的。所谓人才都是偏才,但是,许多个偏才就能构成一个全才,就能组成一个完全的集体。

在图书馆的智力结构中,领导结构是前提,是关键。只有建立起一个强有力的、具有远见卓识的、善于用人之长的、革命化、专业化、年轻化、知识化的领导结构,才能把全馆的智力结构设计好,组织好,才能有最佳的专业结构、最佳的年龄结构、最佳的智能结构、最佳的知识结构、最佳的素质结构,才能做到"人尽其才","物尽

---

* 列宁全集 第30卷/(苏)列宁著.—北京:人民出版社,1959

其用",为四个现代化作出最大的贡献!

第五节 图书馆人员的队伍建设

从实际出发,争取早日建成一支结构合理的图书馆的专业队伍,这是我们的努力目标。

怎样实现这一目标呢?

一、调整和提高现有队伍水平

建国三十多年来,我们已经有了一支图书馆管理队伍。但是,数量尚不足,质量还不够高,结构还欠合理,而且发展很不平衡。这就是我们现有的基础,也是我们调整和提高的出发点。

1.努力提高图书馆队伍的科学文化水平,不断更新知识。

首先,在配备馆员时,要根据不同工作的需要,配备具有初等、中等和高等文化水平的各类管理人员。近年来,一些高等学校图书馆争取本校毕业生进馆充实力量,是个好办法。

其次,对现有馆员通过函授、夜大学、电视大学或到高校进修等办法提高文化水平。此法也颇见成效。

2.改变图书馆管理队伍中专业知识单一、品种不全、留有空白的状况,尤其应加强理工科专业人员的培养。

3.改变"青黄不接"的局面。

4.配备新馆员时坚持标准,改变老弱病残的"收容所"、"疗养院"现状,切实解决队伍的"虚肿"问题。

5.对领导班子也应进行必要的调整。

6.重视中年的工作,努力调动他们的积极性,发挥他们的骨干作用。

7.对使用不当、学非所用或不适于图书馆工作的,可调动他们的工作。

二、加强图书馆管理队伍的管理

1. 明确图书馆管理队伍的范围。根据《中华人民共和国高等学校图书馆工作条例》的规定,图书馆的管理队伍大体由四部分构成:一是图书馆专业人员,主要从事图书馆的业务工作,这是图书馆的最基本的专业队伍,是主要专业力量;二是技术人员,包括计算机应用、缩微复印技术、视听技术、图书保护与修补、建筑与设备等方面的工程技术人员;三是工人,包括装订、印刷、修补、缩微、勤杂等技术工人和工勤人员;四是图书馆管理的人员,包括党、政、工、团的领导干部、行政管理人员、业务和后勤管理人员等等。

2. 确定管理人员编制(详见第一节)。

3. 明确管理人员的分工与职责。

4. 明确和评定管理人员的技术职称。

三、切实抓好图书馆队伍的教育、培养、提高

我国图书馆业十分落后,工作人员水平不高,这与图书馆学专业教育落后有密切关系。

1920 年,武汉文华图书馆专科学校首创图书科,到 1929 年便发展成为独立的图书馆学专科学校。至解放前,虽然还有金陵大学、社会教育学院也办过图书馆学系或专业,但培养学生寥寥无几。解放前后,北京大学、武汉大学先后设立了图书馆学系(专业),但两系十七年当中总共培养学生 823 名。粉碎"四人帮"前的几十年中,除北京大学和武汉大学的两系外,还有其它院校间或开办过图书馆学系(专业),再加上大约 1200 名函授生,全国总共也不超过 3200 名图书馆专业人才。粉碎"四人帮"以来,我国图书馆学专业教育有了新的发展,到 1980 年末,全国已有 30 所院校设置了图书馆学系(专业),在校生近 2000 人。

这种状况,与我国十亿人口相比,与我国要在本世纪末实现四个现代化的宏伟目标相比,与世界上先进的图书馆水平相比,都是非常落后的。要解决这一矛盾,必须大力发展图书馆学、情报学的正规教育;与此同时又要依靠图书馆本身的力量,大力开展在职干部培训,发展业余教育。

学校教育

通过学校培养图书馆学专业人才,是充实图书馆专业队伍的重要途径。

应以北京大学、武汉大学的图书情报学院为基地,大力发展图书馆学的高等教育。武大图书馆学系已正式改为图书情报学院,成为全国第一所图书情报大学,这是值得庆贺的,也是我国图书馆学教育发展的一个标志。

根据图书馆的特点,还应按系统和按类型开办分科图书馆学专业,例如湖南大学和大连工学院就试办过理工科图书情报专业。

除高等教育外,还应积极发展中等教育,培养中级图书馆专业人才,沈阳中国医科大学就办过一个"中专班"。

有条件的院校还可根据实际情况招收部分研究生。

进修班也是一种行之有效的教育方式,招收对象主要是具有一定实践经验和自学能力的在职干部,经过一年或两年的学习深造,使他们的理论水平和业务能力有所提高。

要试行"双学位"制度,以满足专业图书馆的需要。另外,要合理布局,争取各大行政区以至各省都有一个以上的图书馆学专业或系。

函授班是对各类图书馆在职干部进行高等图书馆学教育的又一形式。只要切实抓好各地辅导站的工作,严格按照教学大纲进行教学活动,坚持标准和保证教学质量,在目前条件下,还是解决图书馆专业队伍管理水平低的一种有效方法。

短期培训

短期训练班是建国以来对图书馆在职人员进行业务教育的一种重要形式,它具有简单易办、就地解决、节约经费和时间短、针对性强、收效快等优点。可分四种类型:

1. 由行政主管部门,即按图书馆系统举办的各种短期训练班;

2. 各级公共图书馆与当地各级行政主管部门和工会联合举办的各种短期训练班;

3. 由各地中心图书馆委员会、图书馆协作委员会、图书馆学会举办的各种短期训练班;

4. 同一地区各馆协商联合举办的各种短期训练班等。

从学员和受训内容上可分为两种:一种是以培养新馆员或基层图书馆管理员为主,侧重图书馆学基本知识的传授和图书馆基本业务技能的训练,内容涉及面较广;另一种是为了提高老馆员的业务水平或为了解决某一专题而举办的短训班。

短训班的教学方式灵活多样,或是讲授、讨论、实习和参观相结合,或是讲授、讨论、实习同总结、交流经验相结合,或是讲授、讨论、实习和开展专题研究相结合都可以。规模可大可小,时间可长可短,人数可多可少。

业余教育

图书馆业余教育是经常而普遍地培训在职干部的一种形式,其特点是不脱产,边工作边学习,既能保证工作正常进行,又培养了干部,而且,由于理论与实践联系紧,所以通常效果较好。

业余教育大体有三种组成形式:

1. 业余学校,例如电视大学、夜大学、干部进修学校等;

2. 图书馆业务讲习班,特点是时间短,内容专,针对性强,见效快,一般侧重实际技能的培训。

3. 经常性的业务学习。这应当成为一种制度,即每周安排一定时间作为业务学习时间,坚持数年,必有好处。

此外,专题研究组或研讨会,也很解决问题。

在馆员培养方面,应该形成制度,制定计划,同时注意做好以下三个方面:

1. 实行全员性培训,不搞少数人提高;

2. 实行循环性轮训,不搞一次性"镀金";

3. 实行定向性集训,不搞"学非用"普及。

原高教部决定各高校可以每年从应届毕业生中抽调少数人员充实图书馆,在经过一年的实践以后送他们进修图书馆学、情报学、目录学和文献学。这是一项重大改革,必将改变我国图书馆人员的现有结构,推动图书馆事业迅速发展。

中国科学院 1979 年 4 月 4 日签发的科发宣字 0484 号文件指出:"图书情报业务人员是科学研究人员的一部分,要按照《中国科学院图书资料、情报业务人员定职,升职试行条例》的规定,建立技术职称。对他们的研究成果、工作成绩要定期组织鉴定,并将成绩列入档案。对他们的津贴和劳动保护要予以应有的重视,切实保证他们每周至少有六分之五的业务时间。"这对图书情报人员的培养、提高,是一个重要的保证。

总结我国图书馆学专业教育的基本经验,这就是:

1. 坚持"两条腿走路"的方针,采取多种形式发展图书馆学的专业教育。

2. 坚持又红又专的方向,把思想教育和业务教育结合起来。

3. 不断改革教学,努力开创社会主义图书馆学专业教育的新路,尤其在课程设置和教学方法上要大胆创新,勇于探索。

4. 以北京大学和武汉大学两系院为中心,积极创造条件发展图书馆学院,每省至少有一所大学设有图书馆学系(专业),有条件的还可以创办专业图书馆学系或叫图书馆学分科班,要在全国形成一个图书馆学教育体系。

5. 贯彻落实党的知识分子政策,把现有的图书馆学师资力量组织起来,集中统一使用;同时积极培养新生力量,以便建设一支适应我国图书馆专业教育需要的师资队伍。

6. 切实加强领导,充分调动群众办学的积极性。四化建设对图书馆的要求是紧迫的,图书馆工作者要求学习和提高的积极性是高涨的,能不能把这种积极性变成现实,把现有的图书馆学系(专业)坚持下来,巩固下来,同时根据需要和可能创办各种类型、各种规模的图书馆学系(专业班),其关键在领导,在于搞好规划、健全组织,加强师资以及图书资料教材及教学设备的筹备工作。

7. 加强图书馆学研究。全国应该设立图书馆学研究所,各图书馆学系(专业)内应成立图书馆学研究室(组),有条件的图书馆应设立图书馆学研究部(组、室)或在研究辅导部内成立一个专门研究小组,必要时设立一个小型实验站。

另外,现有的系(专业)还可以扩大招生名额包括函授生的数量。发动群众,解放思想,多编写一些图书馆学和情报学教材。努力办好专业刊物,提高刊物质量。以普及基本理论知识,强调实际技能的初级图书馆学读物,文字要求通俗易懂,无师自通,也不失为一种可行措施。

要办好图书馆专业教育,首要的问题是保证教学质量。影响教学质量的因素很多,除了教材和师资以外,这里主要谈谈关于课程设置问题。

可以肯定地说,传统的教学内容和以往的课程设置已经远远落后于客观需要。除原设课程以外,还须增加:

1. 情报学尤其是科技情报学课程。在图书馆学系(专业)开情报学概论课,舍此就培养不出现代图书馆学情报学专业人才。

2. 自然科学基础课或技术基础课。没有这些知识,在工作中就要遇到许多障碍。与此相应的,还应学习科技发展史或自然辩证法。

3. 加强外语教学,争取学员能"精一通二"。

4. 学点信息论、系统论、控制论、管理学、科学学和人才学等知识。

另外,还要切实解决好师资问题。现在各地都在办学,这个问题就很突出。如何解决?

1.把具有教学能力的图书馆学系毕业生(包括在图书馆工作多年)安排在教学岗位上;

2.其他专业毕业生但能胜任图书馆学教学者;

3.聘请兼职教员。

第六节　图书馆人员的业务档案

一、图书馆工作者业务档案的定义

陈兆祦在《档案管理学》中为档案下了这样的定义:"档案,是机关、团体、企业、事业单位、个人在活动中形成的,具有查考利用价值的,归档集中保存起来的文件材料。"冯锦生同志根据陈兆祦的"总定义",又把图书馆工作者业务档案的定义表述为:"它是图书馆工作者(包括图书馆专业人员、技术人员与各级管理人员等)在其业务与学术活动中所形成的,对于图书馆工作者本人的工作成就、业务能力、学术与技术水平,具有考查利用价值的,归档集中保存起来的文件材料。"

二、图书馆工作者业务档案的特征

图书馆工作者业务档案除了具有一般档案的共性(是由文件材料转化而来并能完成现行效用,同时对将来又具有一定的考查和利用价值)外,更重要的是它还具有自己的个性:

1.立档单位既不是机关、团体、企业、事业单位,也不是其他人物,而是图书馆工作者个人;

2.归档集中起来的文件材料,必须是某图书馆工作者在其业务、学术活动中所形成的,并能反映其工作成就、业务能力、学术与技术的水平。

三、图书馆工作者业务档案的内容

1.个人简历表;

2.业务自传或鉴定表;

3.学历证明和讲课证明(聘书等);

4.业务上的贡献记录(包括发明创造、技术革新);

5.个人的论文、著作、资料汇编、书目、索引、工作报告、技术报告、业务总结以及他人对其著述、发明、革新的正式评介;

6.有关单位,特别是专业职能部门对其工作成就、业务能力与技术水平的评定意见;

7.在职业务学习、进修、培训的考核记录或教师评语;

8.平时考勤记录;

9.业务和学术上受奖记录或受奖证书;

10.培养人才的情况(包括培养对象、人数、起止日期,指导、讲授内容及其效果);

11.出国学习、考察及参加国内外学术活动等情况(包括国名、地点、单位、起止日期、任何职务,学习、考察与学术活动的内容和收获、成果等);

12、职称评定的审批材料;

13、晋升记录等等。

对于图书馆界的著名人物、各级主要领导人与专家,其业务档案中还应包括;

1.本人的回忆录、记事簿、著述手稿;

2.从别人著述中所辑录的文稿;

3.反映他们在公务活动与社会活动中的有关文件材料;

4.个人有关业务、学术方面的书信往来；

5.别人研究他们的材料,如回忆和评介等。

四、图书馆工作者业务档案的作用

如前所述,在图书馆的科学管理中,对图书馆工作人员实行科学管理起决定作用。而图书馆工作者业务档案对于调动他们的积极性、创造性,充分发挥他们的作用是十分重要的。具体地说,有以下几个方面：

1.是考查出勤、业绩和学术水平的根据和评定职称的背景材料。一个图书馆工作者的出勤情况、工作成绩、业务能力和学术水平均可在业务档案中得到充分的反映。这就为评定技术职称、提职晋级和实行奖励,提供了科学的、真实的依据。这样,就能避免在进行上述工作的过程中有可能出现的"长官意志"、"群众印象"的不正常现象的发生。业务档案是真实情况的记录,谁出勤好,谁效率高,谁贡献大,谁水平高,清清楚楚,毫不含糊,因此,谁该作什么样的鉴定,谁该评什么职称,谁该晋职提薪,谁该受奖,谁该表扬,都是一清二白,泾渭分明。

2.是进一步培养与合理使用图书馆工作者的依据。一个图书馆工作者的业务档案清楚地告诉我们：谁的业务水平不高,尚需深造；谁人进修以后仍有不足,还要再学习,再提高；谁在业务上有什么专长以及如何发挥这种专长的作用,如何调动每个人的聪明才智以便做到"知人善任"等等。这就为图书馆的领导,提供了依据。

3.是调动图书馆工作者的积极性,不断提高业务水平的有力手段。业务档案对一个人的业务状况作了全面的真实记录,得到了集中的、系统的反映,这就有助于克服"吃大锅饭"的现象,有助于调动大家的积极性,充分体现和落实了党的知识分子政策。

4.是合理交流人才从而做到"人尽其力"的依据。

160

5. 可为制定图书馆及其事业的发展计划提供依据。

众所周知,图书馆及其事业的发展,人员是决定的因素。合理而又科学的智力结构对于图书馆队伍的建设是十分重要的。一个图书馆的智力结构合理不合理? 科学不科学? 配套不配套? 完整不完整? 翻开全馆人员的业务档案就会一目了然。这就为有计划、有目的、有针对性地培养人才提供了科学依据。

6. 将为编写图书馆史、研究图书馆学理论与技术等提供第一手资料。如前所述,业务档案中记有图书馆界著名人物、各级重要领导人和专家的简历、业务自传、本人回忆录、记事簿以及业务上的书信往来、公务和社会活动中的有关材料等,这就为编写各馆的或整个图书馆的历史、图书馆事业发展史及人物志,提供了极为丰富而又珍贵的原始资料。不仅如此,一些人的论文(包括未发表的)、著作、工作报告、业务总结以及研究资料都记入业务档案,所以它又为进一步发展图书馆学的理论研究提供珍贵的资料。

五、图书馆工作者业务档案的管理

1. 要重视图书馆工作业务档案的建立。

2. 要注意档案文件材料的形成。

3. 要建立业务档案的管理体制。

①由一名主管人事的副馆长直接负责领导工作。

②建立业务档案室,并配备专职人员负责或由馆长办公室(或业务办公室)的主任或秘书具体负责。

4. 要制定业务档案管理工作的规章制度。其内容是

①关于档案材料的收集,要尽量完整、系统;

②关于档案材料的整理,要进行装订和编目;

③关于档案材料的鉴定,要辨别真伪,保证准确;

④关于档案材料的保管,不得随意转交,更不得私自销毁、涂改;

⑤关于档案材料的利用;

⑥关于档案材料的统计等。

5.加强业务档案管理人员的业务培训和思想建设。档案管理是一门科学——档案学。档案管理有自己的一套理论、原则技术和方法。因此,必须使档案管理人员接受专门的业务训练。要认真学习中央与地方各有关领导机关关于档案工作的文件,要保证业务档案的政治性、科学性和服务性。

6.要重视对业务档案的利用。重视业务档案的利用是它能否起作用的关键。从一定的意义上讲,业务档案的作用与重视它的程度成正比。

7.存档材料必须真实,力求完整。管理人员必须对国家和个人负责,并坚决反对弄虚作假或隐匿不存的行为。

思考题

1.什么样的人员结构最能发挥图书馆工作人员的能量?

2.提高我国图书馆工作者科技文化水平和专业素质的办法是什么?

本章参考文献

1.也谈谈图书馆工作者的基本功/刘国钧著//图书馆.—1962(2)

2.努力建设好我院的图书情报干部队伍/白国应著//中国科学院二次讨论会文集.—1980

3.图书馆学教育的回顾与展望/黄宗忠,张琪玉著//图书馆学通讯.—1980(3)

4. 图书馆学教育的过去、现在和将来/汪应文著//四川图书馆学报. —1980(4)

5. 国内外图书馆学教育述评/桑健著//图书馆工作. —1980(4)

6. 图书馆的科学管理/张德芳著. —油印本. —四川图书馆学会,1981

7. 试论图书馆管理队伍的建设/黄宗忠著//山东图书馆季刊. —1981(1)

8. 图书馆系统分析/陈源蒸编著. —油印本. —北京:北京大学图书馆,1981

9. 图书馆工作管理科学化概论/辛希孟,江乃武编著. 长春:吉林省图书馆学会,1981

10. 万紫千红才是春——图书馆科学管理的智力结构/于鸣镝著//图书馆学刊. —1981(3)

11. 谈谈公共图书的编制标准问题/鲍林涛著//图书馆研究与工作. —1981(4)

12. 图书馆人才科学管理的一项重要内容——试论图书馆工作者业务考绩档案的建立/冯锦生著//山西省图书馆学会科学管理研讨会论文. —1982

13. 加强图书馆队伍建设,促进图书馆事业的发展——谈公共图书馆在职干部的培养/鲍振西,李哲民著//北图通讯. —1982(2)

14. 从图书馆工作落后的原因及存在的问题谈培养图书馆人员的方法/裴过林著//四川图书馆学报. —1982(2)

15. 论图书馆人员的科学管理/于鸣镝著//青海图书馆. —1982(2)

16. 论图书馆的人员管理/赵英魁著//图书馆学研究. —1982(5)

17. 我国图书馆专业教育必须有较大的发展和改革/张玉川著//高校图书馆工作. —1983(2)

18. 关于图书馆员在职教育几个问题的我见/罗紫初著//四川图书馆学报. —1983(3)

附录

图书、档案、资料专业干部业务职称暂行规定

为了更好地培养和合理使用图书、档案、资料专业干部,做好考核晋升工作,充分发挥他们的积极性和创造性,鼓励他们努力钻研业务,提高图书、档案、资料工作的科学管理水平,更好地为四个现代化建设服务,特制定本规定。

第一条　图书、档案、资料专业干部的业务职称定为:研究馆员、副研究馆员、馆员、助理馆员、管理员。

第二条　确定或晋升业务职称的图书、档案、资料专业干部,必须拥护中国共产党的领导,热爱社会主义祖国,努力学习马克思列宁主义、毛泽东思想,刻苦钻研业务,积极做好本职工作,为四个现代化建设贡献力量。

第三条　确定或晋升图书、档案、资料专业干部的业务职称,应以学识水平、业务能力和工作成就为主要依据,并适当考虑学历和从事专业工作的资历。

第四条　中等专业学校毕业生,担任图书、档案、资料专业干部,见习一年期满,或具有同等学历的,初步掌握图书、档案、资料某项业务的基础知识、工作方法和技能,较好地完成所担任的任务,确定为管理员。

第五条　见习一年期满的高等院校本科毕业生或具有同等学历的,以及管理员,具备下列条件,确定或晋升为助理馆员:

（1）具有本专业一定的基础理论和专业知识；

（2）具有一定工作能力，能够掌握图书、档案、资料有关工作方法和技能，对馆藏有初步了解，能够使用馆藏目录、联合目录和有关工具书查找书刊、档案、资料等；

（3）初步掌握一门外语或古汉语。

第六条　助理馆员或具有同等业务水平的，具备下列条件，确定或晋升为馆员：

（1）比较系统地掌握图书馆学或档案学或其他某专业的基础理论和专业知识；

（2）具有独立工作能力，熟练掌握有关业务，对馆藏比较了解，能够辅导读者进行文献检索或编制有一定水平的索引、专题资料，工作中有一定成绩；

（3）掌握一门外语或古汉语。

第七条　馆员或具有同等业务水平的，具备下列条件，确定或晋升为副研究馆员：

（1）具有较广博的科学文化知识，对图书馆学或档案学或其他某门学科有较深的研究，有一定水平的工作报告或论著；

（2）具有比较丰富的工作经验，熟悉馆藏，能够指导读者检索、研究或编制有较高学术水平的索引、专题资料，能够解决业务工作中的疑难问题，工作成绩显著；

（3）熟练掌握一门外语。

第八条　副研究馆员或具有同等业务水平的，具备下列条件，确定或晋升为研究馆员：

（1）具有广博的科学文化知识，对图书馆学或档案学或其他某门学科有系统的研究和较深造诣，有较高水平的论著；

（2）具有丰富的工作经验，能够指导专业人员学习和研究，主编有较高学术价值的书目、索引、工具书或文献汇编，能够解决业务工作中的重大问题，工作成绩卓著；

（3）熟练掌握一门以上的外语。

第九条　确定或晋升图书、档案、资料专业干部的业务职称，必须经过考核。考核在平时考绩的基础上，每一至三年进行一次。工作中有特殊贡献或成绩特别优异者，可随时考核，破格晋升。

对各级图书、档案、资料专业干部的考核，应当严格掌握考核条件。对其中具有同等学历的，除评议业务成绩外，还应当对本专业必需的基础理论、专业知识和外语程度进行测验。

第十条　确定或晋升图书、档案、资料专业干部的业务职称，按照干部管理权限，由相应的评审组织评定。各级评审组织的组成，由同级主管机关批准。

第十一条　确定或晋升图书、档案、资料专业干部的业务职称，须由本人申请或组织推荐，填写业务简历表，提交业务工作报告或学术论著，经过相应的评审组织评定后，由主管机关授予业务职称。

研究馆员和副研究馆员，由国务院各部门或省、自治区、直辖市人民政府授予；馆员，由相当于行政公署一级机关授予；助理馆员和管理员，由相当于县一级机关授予。对取得馆员以上业务职称的干部，颁发证书。

第十二条　确定或晋升图书、档案、资料专业干部的业务职称，必须实事求是，严肃认真。对营私舞弊、打击压制专业干部或采取非法手段骗取业务职称的，应当区别情节轻重，严肃处理。

第十三条　本规定适用于在各部门专门从事图书、档案、资料工作的现职专业干部。

第十四条　各省、自治区、直辖市人民政府和国务院有关部门，可根据本规定，结合实际情况，制定实施细则。

（原载《图书馆学通讯》1981 第 4 期）

第十章　读者工作的科学管理

在图书馆中,读者工作是直接面对读者的第一线工作。读者工作开展得好坏,将直接影响图书资源开发利用的深度和广度,直接影响图书馆为读者服务质量的优劣,直接影响图书馆方针任务完成的好坏,从而影响科学技术的发展和人民文化水平的提高。这就是说,图书馆的一切工作都是为读者服务的,读者工作处于图书馆工作的前哨阵地,必须实行科学管理,建立健全多类型多级别的服务方法体系。

第一节　读者工作的意义

读者工作的作用越来越重要,人们对它的认识越来越高。归纳起来有以下八种:

一、要素说

认为读者和读者工作是图书馆存在的必要条件,一个基本的要素。这就是说,如果没有读者工作,现代的图书馆就要退回到古代的藏书楼,可见读者工作在图书馆工作中处于极为重要的地位。

二、前哨说

认为读者工作是图书馆各项工作中的前哨。前哨说或称阵地说,是对要素说的进一步深入和发展,与其它工作相比,读者工作是第一线工作。

三、桥梁说

认为读者工作在读者和藏书之间起桥梁作用。

四、尺度说

认为读者工作不但是衡量藏书工作的尺度,而且也是衡量全馆各项工作的尺度,一切工作归根到底都是为读者服务的,都要在读者工作中受到检验。

五、归宿说

认为读者工作是图书馆各项工作的出发点并表现于行动的过程和归宿。这种观点从整体上、动态上、时间上和空间上强调了读者工作在图书馆工作中的地位和作用。

六、至上说

认为"一切为读者"这是图书馆的唯一宗旨,是图书馆工作的灵魂、目标和方向。

七、动力说

认为广大读者的实际需要是图书馆发展的前提和动力。这就表明,读者工作只有在为读者服务的过程中才能获得强大的、不竭的动力,从而得到迅速发展,而只有发展了的读者工作才能更好地为读者服务。

八、参政说

认为"读者参政"是社会主义文化民主的一种形式,它将促进图书馆事业的蓬勃发展。

虽然八种说法不一,但是对读者工作的意义都予以高度的评价。如果对读者工作真正实行了科学管理,那末图书馆将成为名副其实的知识宝库、情报耳目、科研尖兵、成才沃土。

第二节　读者工作的原则

列宁关于图书馆工作有过一系列指示,其中关于服务光荣的思想①,关于免费互借的思想②,关于延长开馆时间的思想③,关于高速服务的思想④,关于方便服务的思想⑤,关于充分服务的思想⑥等等光辉思想,应该而且必须成为图书馆读者工作的战略思想。

在列宁的战略思想指导下,图书馆的读者工作应该遵循以下原则:

---

①　这就是列宁关于"值得公共图书馆骄傲和引以为荣的是……在于如何使图书在人民中间广泛地流传"这段名言。(参见《列宁全集》第 19 卷第 271～273 页)

②　指列宁在《论彼得格勒公共图书馆的任务》中讲的,"图书馆之间互寄书籍,应由法律规定予以免费。"(参见《列宁全集》第 26 卷第 310 页)

③　列宁要求图书馆阅览室每天从早 8 点开放到晚 11 点,节日和星期日也不例外。(参见《列宁全集》第 26 卷第 310 页)

④　列宁对纽约公共图书馆的工作效率——"借书单是上午 9 时 8 分送去的,读者在 9 时 15 分就拿到书了"非常赞赏。(参见《列宁全集》第 19 卷第 271～273 页)

⑤　列宁说,衡量图书馆工作,要看有多少书被读者带回家去,对大多数居民提供了什么方便条件。

⑥　列宁要求图书馆网帮助人民利用我们现有的每一本书(参见《列宁全集》第 26 卷第 301～302 页)。

一、充分服务原则

所谓充分服务原则,完全体现了"一切为了读者"的战略思想和全局性的要求,即图书馆的全部藏书、全体人员和全部工作都以读者利用为出发点并表现于行动的过程和归宿。

充分服务原则要求馆员树立全心全意为读者服务的思想,一切从读者的根本利益和实际需要出发,急读者之所急,想读者之所想,把自己置身于读者之中,为读者传递知识、情报,甘当无名英雄。

充分服务原则要求馆员具有良好的职业道德,在为读者服务的过程中做到文明礼貌、热情主动、耐心细致、平等待人、一视同仁、和蔼友善、热爱本职工作、忠于职守、认真负责、踏踏实实、一丝不苟。

充分服务原则要求馆员具有强烈的事业心和扎实的基本功,真正做到为读者找书,为书找读者,千方百计地主动服务。不光有良好的愿望和满腔的热情,甘愿为图书馆事业而献身,而且要有为读者服务的过硬本领和扎实的基本功,做到高效优质服务。

充分服务原则,要求馆员广泛地、经常地向社会宣传图书馆,有效地、及时地揭示馆藏和推荐馆藏,千方百计吸引读者,最大限度地方便读者,提高藏书使用率,充分发挥藏书作用。

二、区别服务原则

这条原则就是有针对性地满足各类读者的不同需要,其实质在于讲究服务方式方法即工作艺术,注重服务质量,着眼服务效果。这是搞好读者工作的基本政策。

区别服务原则,是建立在对读者和藏书进行系统分析的基础上的——图书馆藏书是一个多级别、多层次的动态结构,而读者的成分及需要也是一个多类型、多层次的动态结构,图书馆工作者应该用不同性质、不同类型、不同文种和不同程度的书刊资料去满足不同成分、不同职业、不同年龄、不同爱好的读者的需要。

区别服务原则是实现图书馆的教育职能、情报职能、收藏职能和文娱职能所要求的,因此,应针对不同情况,采取不同方式,提高服务质量和效果。

三、科学服务原则

所谓"科学服务",就是遵循图书馆工作的客观规律,按照科学的思想、抱着科学的态度、采取科学的方法和科学管理的措施来组织读者服务工作。

科学服务原则,要求我们树立整体和全局观点,学会全面地、发展地、辩证地认识问题和处理问题,例如认识和处理好图书馆与读者、馆际之间、馆内各部间、读者之间出现的各种矛盾,集中力量解决好供与求、借与还、外借与内阅、管理与使用以及分工与协作之间的矛盾。

科学服务原则,要求我们老老实实地按科学办事,一切从实际出发,尊重客观规律。在服务工作中,将需要与可能、当前需要与长远需要、重点需要和一般需要统一起来,同时将数量与质量、流通效率与阅读效果结合起来。不单凭热情、主观愿望和个人兴趣工作,也不片面追求数量、指标和形式,一切讲求实效。

科学服务原则,要求我们采用一整套行之有效的科学方法,例如统计方法、分析方法、比较方法、系统方法、控制方法和信息方法等为读者服务,以提高服务工作的效率。

科学服务原则,还要求我们采用合理的规章制度、先进的技术设备和有效的服务手段,提高我们的服务能力,扩大服务效果。

四、方便服务原则

这就是所谓的"千方百计方便读者",要为读者利用图书馆的书刊资料提供一切方便。

方便服务原则,要求我们建立多途径、多功能因而可以进行多元检索的目录体系,以便提高读者的查准率和查全率,节约读者时间。

方便服务原则,要求我们最好实行"双轨制"、"预约借书"和一定范围内的"送书上门",为读者利用藏书提供方便。

方便服务原则,要求我们实行"分科借阅"和"定时借阅"办法,提高工作效率,加速书刊周转,节约读者时间。

方便服务原则,要求我们积极创造条件,增加或延长开馆时间。

方便服务原则,要求我们对书库进行合理布局,把读者最需要的书刊置放在他们最感到方便的地方;采取合理的服务方式,例如加大阅览面积和开架范围,为极大限度地利用馆藏提供条件。

五、有益服务原则

这是检验读者工作的一个最重要和最基本的指标,就是要保证读者"开卷有益"。

有益服务原则,要求我们用好书给读者以力量,以智慧,坚定他们的共产主义信念,树立崇高的理想,美化他们的心灵,陶冶他们的情操,培养他们的美德,提高他们的本领,而不能相反。

有益服务原则,要求我们注意研究读者的阅读倾向,积极引导他们多读好书,在读者服务工作中做好"借书育人"的工作。

有益服务原则,要求我们在提供书刊资料时坚持有选择、有目的、有针对性地提供,在传递时要保证有选择、有目的、有针对性地传递,用人类的有益知识对读者进行有益的教育,抵制精神污染,净化人们的灵魂。

六、高效服务原则

高效服务是读者工作的数量指标,在时间上要求"迅速",在内容上保证"新"、"好",在使用上要求"精准"。

高效服务原则,要求我们快购、快分、快编、快借,最后让读者快用。总而言之,抢时间,争速度,提高工作效率。其结果必然是快出人才,早出人才,为四化建设多作贡献。

高效服务原则,要求我们精简机构,减少层次,消灭重叠现象。

高效服务原则,要求我们提高工作本领和基本素质,提高工作效率。

这六条原则是一个统一体,都是列宁关于图书馆工作的战略思想的具体运用,是做好读者服务工作,充分发挥图书馆的耳目、尖兵和参谋作用的基本依据。

第三节　读者工作科学管理的内容

读者工作的内容概括起来,大体上包括四个方面:第一,组织读者与研究读者工作,也就是积极地发展读者,科学地组织读者,研究读者的类型、读者的阅读需要、阅读心理和阅读特点以及统计阅读效果。第二,组织服务工作,也就是利用馆藏和书目等检索工具所开展的一系列服务活动,包括外借、内阅、参考、咨询和文检等。第三,宣传辅导工作,也就是主动开展有针对性的文献宣传报道,组织科技交流和学术报告以及群众性阅读辅导工作。第四,服务管理工作,也就是方便读者,满足需要,提高服务效果,合理组织馆藏,组织读者目录,分科设置服务机构,扩大开架服务,采用先进技术设备,提高管理水平。

一、组织读者和研究读者

（一）读者登记工作

读者登记工作是图书馆对读者进行调查研究，了解读者，联系读者的第一步，是作好图书流通工作的前提。

高等院校图书馆和科研系统图书馆的读者比较单一，所以，发展读者的工作比较简便，凡本校的师生员工或本院（校）科研单位的工作人员，都是自己的服务对象，只要进行读者登记，发放借书证就成为正式读者。

公共图书馆的服务对象比较广泛也比较复杂，人数也比较众多，因此需要根据本馆的方针、任务，本地区图书馆的分布和分工情况，读者的阅读需要特点以及本馆藏书、设备和人力等条件，有计划地发展读者。

发展读者是通过读者登记实现的。读者登记表不仅是了解读者、研究读者的重要材料，而且也是图书馆进行各项统计、报表的依据。

公共图书馆内的个人读者登记，一般有两种方法。一是读者申请：读者向图书馆提出发放借阅证的申请，同时呈交本人身份的单位证明信或介绍信，经图书馆审核同意后，办理手续，填写借书登记卡，加盖公章，然后来馆领取借阅证，成为正式读者。二是图书馆把读者登记卡发到机关、学校、工厂、农村、研究所等基层单位，加盖图书馆公章后分配给个人，领到"读者登记卡"的人再来馆办理手续。

近年来，一些省、市、县、区级公共图书馆试行图书外借向读者收取保证金的制度，即发放借阅证时每证收取一定的押金，当读者不再借阅时，在交还借阅证的同时把押金退还给读者。此法屡有兴废，曾与保证制并行，而且作为它的一种补充。

（二）读者调查研究

不了解读者,就不能很好地为读者服务。要了解读者,就必须调查研究。读者的类型是很复杂的,从不同的角度可以划分出不同类型:

1. 读者的类型

①个人读者,包括少年儿童读者、工农兵读者、科技工作者、文教工作者、干部。

②集体读者,通常包括机关团体读者、借书小组以及馆际互借单位等。

2. 读者阅读规律

(1)掌握不同读者群的阅读特点和规律。

①老年科研工作者,阅读对象主要是外文的科技资料(包括期刊)和少量专著。其要求是"新"、"全"。因此,图书馆必须从各种途径,调动各种手段向他们报导最近的书刊资料或开展定题情报检索服务。②中年科研工作者,要求新而全的资料,查找目的明确,提的问题具体,用书时间较长,借书数量较多。因此,图书馆应尽最大努力以满足他们的要求,主动为之代查、代借、代译或帮助复制,开展"定题服务"。③青年科技工作者,精力充沛,对新生事物比较敏感。因此,图书馆应主动向他们推荐对口书刊,介绍文献检索法和使用法及书目工具使用法等。

(2)掌握不同时期不同阶段的读者用书规律。

克鲁普斯卡娅强调读者需要的时代性特点,她说:"读者需要和他们所经历的时代有着巨大的联系,须知,每个时代都会产生截然不同的需要。不能一般地对读者需要作泛泛之谈,必须谈在这时代——在我们的社会主义时代,这些需要是什么? 其特殊性和特点是什么?"*

以高校图书馆为例,教学进度的不同阶段,读者用书情况是不

---

* 直观闭架式借阅/马荣骧著//图书情报工作.—1982(3)

同的:①开学初期。教师指定的各种教学参考书借阅量最大,因而做好这项集体供应工作就是服务重点。②学期中期。加强阅览室的管理,根据教学进度及时提供各种学习参考资料,成了中心工作。③考试阶段。应适当延长开放时间,为复习考试创造有利条件。④放假期间。集中力量做好假前的文艺书籍的供应工作。

(3)掌握不同任务对书刊需要的特点。

例如开展科研,其对书刊的要求是:全面系统;内容新、时间快;针对性强。总之,要"广、快、精、准"。

还可以做进一步的调查、研究,掌握阅读规律,提高服务质量。例如鞍山市文化局的郭中尧和鞍山市图书馆的尹惠良二同志合写的《如何区别对待外借读者》一文,对小说读者的一些规律,做了有益的探讨,现摘录如下:

A、本职工作需要或业余研究者,其特点是借阅的系统性;

B、开卷有益、广泛涉猎者,其特点是借阅的跳动性;

C、以配合本职工作为主,适当借阅小说者,其特点是借阅的交叉性;

D、无定向"抢快货"者,其特点是借阅的盲目性;

E、业余消遣、娱乐者,其特点是借阅的迅速性;

F、寻求刺激,弥补精神空虚者,其特点是借阅的奇特性。

英国诗人柯勒律治曾把读者分为四种:

第一类好比计时的沙漏,注进多少,漏出多少,到头来一点痕迹也没有留下;

第二类好像海绵,什么都吸收,挤一挤流出来的东西原样不变,甚至于脏了一些;

第三类像滤豆浆的布袋,豆浆都漏了,留下的只有豆渣;

第四类像宝石矿床里的苦工,把矿渣甩在一旁,只要纯粹的宝石。

总之,组织读者和研究读者,都是要了解掌握读者的需要,以

176

便更有效地为他们服务。

二、服务读者

图书馆服务读者的主要方式是外借和内阅、参考咨询和文献检索等。

1. 外借

①个人外借,通常分单轨制和双轨制两种。

②集体外借。

③馆际互借。

④预约借书。

图书外借工作怎样实现科学管理?集中到一点,就是"用最少的时间向最多的读者提供最好的图书"。就必须消灭出纳台前的"长龙"。为此,建议实行:

①分科借阅。例如,科技图书外借处、文艺图书外借处以及外文图书外借处等。

②定时借阅。例如有些图书馆实行小说一周只外借两天等。

"分科"、"定时",就可以把读者群"化整为零",使工作"张""弛"得当,从而提高工作效率。除此以外,还可以实行:

③调整书库,合理布局,使常用书处于最易取放的地方。

④设立"书情板",把"热门书"的库存情况及时告知读者。看来,这种办法比较消极,但是,在节省读者的时间方面却起到了积极的作用。

2. 内阅

与外借并行的一种办法,图书馆还开设各种阅览室,实行开架、半开架和闭架三结合式室内阅览。阅览室的种类可从不同角度划分。

①以读者对象划分,则有:儿童阅览室、学生阅览室、教师阅览室。

②以知识门类划分,则有:经典著作阅览室、社会科学阅览室、基础科学阅览室、科学技术阅览室、文艺书刊阅览室等。

③以出版物类型分,则有:图书阅览室、报纸阅览室、期刊阅览室、善本阅览室、缩微阅览室等。

④以语言文字划分,则有:中文阅览室、西文阅览室、日文阅览室、俄文阅览室、少数民族文字阅览室等。

⑤以藏书范围划分,则有:专科阅览室、综合阅览室等。

⑥以藏书专深程度分,则有:普通阅览室、研究(参考)室等。

阅览室的种类很多,而各种阅览室都有自己的产生、发展的条件,都有自己的特殊作用。一个图书馆究竟要设置哪些阅览室,要根据客观需要和本馆的实际条件而定。

3.阅览室的特点及发展趋势

图书利用率高、周转快、复本少,是内阅的特点。因此,要充分发挥它的作用。

分科开架阅览是图书馆阅览工作的发展趋势,也是向专业化发展的必由之路。这是因为,分科开架阅览,能极大地方便读者,充分发挥书刊作用、提高服务效果。开架阅览在世界比较普遍,许多国家政府的有关部门都作了相应规定。我国文化部、教育部等有关部门也规定,公共图书馆和高校图书馆对于教学、科研人员可部分实行开架借阅办法。

当然,开架阅览以后,更须加强管理,多作宣传;制定必要的规章制度;实行专职馆员与"义务馆员"(读者中选出的)相结合的管理办法;安装"窃书探测器";阅览室作人员应有明确分工等等,都是行之有效的。另外,还应及时向读者提供廉价的文献复制服务。

4.参考咨询工作

参考咨询工作,是图书馆读者工作的重要组成部分,是图书馆为科学教育、文化服务向纵深发展的一个标志。大型馆一般都设有"参考咨询部",或配备专门人员开展这项工作。

参考咨询工作是以文献为根据,通过个别解答的方式,有针对性地向读者提供文献、文献知识或查找文献途径的一种工作。因此,要建立一套多途径多功能的目录检索体系。

　　(1)参考咨询工作的种类

　　①按难易程度分:一般性咨询、专门性咨询。

　　②按内容性质分:事实性或知识性咨询、研究性或情报性咨询。

　　(2)参考咨询工作的程序和要求

　　①接受咨询。

　　②调查研究:这是参考咨询工作成败的关键。因此,必须对课题、对读者(包括已经掌握了的文献和掌握外文的语种、精通的程度以及是否掌握科技文献检索法)、对某专题的相关文献进行周密的调查研究,才能有的放矢地和恰到好处地解答问题。

　　③查找资料。

　　④答复咨询。

　　⑤建立咨询档案。这是巩固咨询结果的可靠措施,也是开展咨询工作的依据。因此,要做好这项工作,就需要广泛地、经常地搜集和积累各种文摘、索引、书目和各种工具书,要把读者的问题、查找的途径及书刊资料、结果,都详细地记录下来,积累起来,善加保存,及时进行整理,分析和研究。这种咨询档案既是一种经验总结,又是改进工作、连续跟踪服务、探索规律的原始材料,它本身又是一种极有价值的资料。这样,参考咨询工作就能建筑在科学的基础之上,或者说,这样就更符合科学管理的要求了。

　　(3)关于参考咨询工作的科学管理

　　现提出一个方案,供讨论。

　　①三室合一。这就是把情报室、参考室(实际上是供参考研究的阅览室)和检索室联合在一起,从而方便了读者,当场解答问题。

②三员结合。这就是咨询员、检索员和管理员既有分工，又有合作，各司其职，相互配合，从不同角度为读者服务。

③三位一体。这就是按专业把同类别同主题的中外图书、期刊和资料都集中陈列在同一个参考室里。在这里，馆藏中全部有关文献囊括进来，读者只在一室就可把所有资料一览无遗。

④三个核心。这就是在作专题索引、题录时，集中力量为核心专业的核心期刊的核心文章作题录、索引或文摘，保证重点，抓住核心，节省人力，提供及时，收到事半功倍之效。

⑤三种形式。这就是所作检索工具的三种物质形式，即卡片式目录、活页式快报和书本式索引，这样既可检查、评价工作成绩，又可以巩固成果，扩大流通和使用范围。

5. 文献复制工作

文献复制工作的效果十分显著。它不仅可以补充难得的罕见的珍贵书刊资料，而且能极大地提高书刊资料的利用率和周转率，灵活机动地满足读者的多种需要。

随着复印技术的提高，文献复制的应用范围日益广泛，在图书馆的业务工作中也发挥了不小的威力。例如，有许多馆利用它和"图书统编卡"代替图书馆的财产登录账。优点是迅速、无误、整齐、统一，但缺点是篇幅较大。有些馆正在用缩小复印来改进。另外，许多馆把核心专业杂志的目次复印后交读者帮助选择需作文摘或索引、题录的作法，也很受欢迎。

至于复印设备及其管理，请参见第十二章——设备的管理。

三、图书宣传和阅读辅导

图书宣传和阅读辅导工作是体现图书馆教育职能的方式和手段。它的内容很广，可以在阅览内容和阅读方法等方面对读者进行宣传、辅导，积极向读者推荐观点正确、内容新颖、科学价值高的优秀书刊资料，辅导读者正确地理解图书的内容；帮助读者有效地使用图书馆目录及各种检索工具。

1.图书宣传的作用及其方式

图书宣传的作用是显而易见的：

(1)配合中心工作及时，收效较快。

(2)声势较大、影响面宽。

(3)方式灵活、形式多样：①利用视听资料：幻灯、电影、录音。②实物和文字资料：新书陈列、专题书展、书目报导、报刊剪辑、板报壁报。③口头宣传：报告会和讲座、图书评论活动。

2.阅读辅导工作

群众性的图书宣传还不能切实满足每个读者的特殊要求，因此，图书馆还应通过阅读辅导工作，针对不同读者的不同情况、不同要求，有区别地为之服务。简而言之，要搞科学管理，要建立一个多渠道、多形式的宣传辅导体系，从而有效地节省读者时间和精力，帮助读者利用图书馆及其馆藏，提高读者的阅读鉴赏能力，增强读书效果，促进情报信息的传递和利用。

辅导的内容很多，主要的有：辅导读者利用图书馆，辅导读者利用图书馆的目录，辅导读者利用各种检索工具，辅导读者阅读书刊资料（包括读什么、怎么读等等）。

值得提出的是，一些高校图书馆为高年级学生以至年轻教师开设"科技情报检索课"或讲座，向读者传授治学方法，收到了很好的效果，值得大力提倡。原高教部正式下达文件，要求大学积极创造条件，尽快开课。

至于服务管理工作，因其主要内容如分科借阅、开架服务等在前几章中已经讲过，而合理组织辅助藏书、采用先进设备等，我们将在后几章讨论，此处从略。

思考题

1. 在实际工作中怎样贯彻读者六原则?
2. 为什么要对工作进行科学管理或者说怎样实现读者工作管理科学化?

本章参考文献

1. 读者学浅说/黄恩祝著//吉林省图书馆学会会刊.—1980(4)
2. 图书馆学基础 第七章/北京大学,武汉大学编著.—北京:商务印书馆,1981
3. 如何区别对待外借读者/郭忠尧,尹惠良著//东北地区图书馆学讨论会论文.—1981
4. 图书馆读者工作/张树华,张嘉澍著.—吉林省图书馆学会,1981.3
5. 读者工作的节奏/于鸿儒著//图书馆通讯.—1981(3)
6. 论"一切为了读者"/麦群忠著//图书馆通讯.—1981(3)
7. 图书馆应建立读者阅读档案/桑良知著//图书馆通讯.—1981(3)
8. 读者服务工作的组织与管理/佟曾功著//图书馆工作与研究.—1981(4);1982(1)
9. 浅谈图书馆读者服务工作的意义和原则/沈继武著.//图书情报知识.—1982(2)
10. 读者简论/于鸣镝著//图书馆学研究.—1982(4)
11. 我馆参考咨询工作改革的初步设想/于鸣镝著//图书情报学通讯.—1983(1)
12. 藏书使用别论/于鸣镝著//宁夏图书馆通讯.—1984(2)

第十一章　图书馆藏书的管理

　　图书的管理是图书馆管理学所要研究的主要问题。这是因为书刊资料是图书馆的基本要素之一,是图书馆赖以存在并开展服务工作的具有决定意义的物质基础,是开展各种工作的一个前提。充分发挥书刊资料的最大效用,这是从采购、分类、编目一直到典藏、流通、参考等一系列工作必须始终围绕的须臾不可离开的中心。因此,图书的管理原则应该"以图书的社会利用为出发点并表现于行动的过程和归宿"。

　　本章主要从管理的角度探索科学管理图书的基本内容,而不涉及图书采购、图书分类、图书编目以及图书流通的具体工作方法。

第一节　藏书科学管理的原则

　　要管理藏书,就必须把藏书组织成为一个系统,成为一个合理的体系、科学的系统。衡量一个藏书系统是否科学,其标准大体上有三点:

　　1.有利于充分发挥全部馆藏的作用,而不是不利于甚至妨碍这种作用的发挥。例如,藏书的划分、书库的组织、书刊的存放地点(包括是否设有分馆、建立馆外资料室和辅助书库等)、图书的

183

分类、目录的组织等，都应该为读者利用提供最大方便。

2. 有利于高效率地满足读者对图书文献资料的需求，而不是不利于或妨碍这种需求。例如，分编的准确性问题和速度问题，目录组织的科学性和检索的简便性问题，书库出纳台和辅助书库的实用性以及借阅方式（是闭架、半开架，还是全开架）等问题，都会直接影响书刊资料的流通率和利用率。

3. 有利于合理地使用图书馆的全部空间而不是不利于甚至妨碍这种使用。例如，书刊资料的排架方式（按文种？按类别？按类型？按顺序号？）、书架的类型（常规的？单面还是双面的？还是密集的？）和布置方法等都有着密切的关系。

以上三项标准应结合起来考虑，不能割裂起来，也不能对立起来。

怎样把藏书组织得科学、合理呢？

首先，必须建立"三线"（一线为开架阅览室，二线为辅助书库，三线为基藏书库）藏书体制。这样，即有基藏书库又有能满足读者各种需要的辅助书库，还有专藏书库和各类阅览室，互相补充，形成一个完整的藏书体系。

其次，在必要时设立分馆，在高等学校尤其需要设立系资料室（这种资料室应视读者使用的方便程度，要么设在系里，要么在图书馆里开辟各系专用资料阅览室，而不能取消）。

再次，在具备条件的情况下（或积极创造条件）逐渐扩大开架阅览的范围。应该强调指出，开架是发展趋势，但是它要求一定的条件，不能简单地说"开架就是方向"。

第四，选用思想性、科学性和实用性都比较强的图书分类法（目前，在我国几种分类法中，比较符合上述要求的当推《中国图书馆图书分类法》）。应当尽快走统一分类、集中编目的必由之路。值得高兴的是，书目文献出版社开始把它所出版的图书之"中图法"类号直接印在书的版权页上，这是一个可喜的开端。

第五,健全目录体系,改进和改革检索方法,积极地和经常地开展目录宣传和检索辅导工作。

第六,及时剔除那些内容陈旧、技术水平落后、破损难补的书籍;把多余的复本和不符合本馆需用的书刊交换或调拨到需要单位;采用先进的排架方法以充分利用书库空间。

第七,实行分科借阅、分时借阅办法,多设几个出纳口,消灭借书排队现象,加速书刊流通。

第八,把书刊放置在工作人员和读者都感到方便的地方,同时把最常用、借还频繁的书刊放在最易取、放的地方。

有了这一系列措施,就能保证藏书组织的比较科学,就有利于把书刊资料的作用充分地发挥出来。

藏书的组织管理包括:图书采购的管理、图书分类的管理以及编目的管理。

第二节　建立有重点有层次的藏书结构体系

一、最佳藏书体系的四个标志

1. 鲜明的个性

无论什么图书馆的藏书都应该有自己的个性,不仅不同系统的图书馆之间有自己的个性,就是同一系统中不同规模、不同专业、不同类型的图书馆之间也都应具有独特的个性。反之,一个图书馆的藏书毫无个性、毫无特点,它就没有形成自己的体系。从这个意义上说,个性乃是藏书体系之基本的和首要的标志。

2. 突出的重点

任何一个图书馆的藏书都是一个集合体,是各学科、各门类、各文种、各类型出版物的总和。但是,它们之间并不是处于同样地位的。相反,图书馆必须根据自己的对象和任务,把各种不同学科、不同水平、不同语文、不同形式的知识情报载体,收集、整理,组成一个有主有从,有专有博,互相配合的整体。不但有主有从,而且要保证重点突出,主从合理,专博得当,核心书刊的重点非常突出。

3.精高的质量

这是对整个藏书提出的质量要求。通过精选,选购那些本馆所需要的最精华、精深的部分书刊,以保证符合读者需要的高精度。

4.充足的数量

没有数量就没有质量。没有数量充足、品种齐全、复本适中的藏书体系是不健全的。

二、最佳藏书结构的基本条件

藏书结构与藏书体系有着极为密切的关系,二者是密不可分的。

藏书结构通常是藏书质量、藏书数量和藏书布局(包括各种藏书比例)三者的有机结合,缺一不行。

1.首先来看"藏书质量"。所谓"藏书质量",包含两层意思。第一是每种藏书的质量问题,而衡量每种图书的质量又有两方面,即自身价值和使用价值,只有两个价值都高的图书才是真正的高质量的图书。第二是总体藏书的质量问题。怎样评价总体藏书的质量呢? 也有两方面,一是每种书的质量都是高的,二是每种书都是读者所十分需要的。

2.其次再来看"藏书数量"。所谓"藏书数量"包括藏书范围、藏书比例和藏书复本。

①关于藏书范围问题。一个馆的藏书范围既不能"大而无外",也不能"小而无内",它总有一个大致区间。这个范围要恰

当。范围大了、宽了,就会出现许多书刊找不到读者的呆滞现象;范围小了、窄了,也会造成许多读者找不到足够的书刊等拒借现象,这些都是藏书范围不准确的表现。怎样才算恰当,阮冈纳赞提出的让"每位读者都有其书,每本书有其读者"该是理想的状态。

②关于藏书比例问题。确定了恰当的范围以后,还要解决好藏书的比例问题,其中涉及各种学科门类、各种载体、各种语言文种、各种出版类型书刊的比例问题,以及重点读者与一般读者用书、当前用书与长远用书的比例问题,都要处理得当。

③藏书的复本问题。解决了藏书范围和藏书比例,还不等于就解决了藏书的数量问题,因为对藏书数量起决定作用还有藏书的复本问题。

只有做到了藏书范围恰当,藏书比例合理,藏书复本适中,才能说解决了藏书的数量问题。

3. 最后看"藏书布局"。有了精高的藏书质量,又有了适中的藏书数量还不能说就有了一个好的藏书结构。必须把这些质量精高、数量适中的藏书在知识结构配伍方面和读者需要的谐调方面进行合理布局,使它们与读者处在最便于使用的关系之中,也就是说,要让每一种书乃至每一本书都最接近它的特定读者,换言之,让每个读者都能在最近的地方尽量快而准确地借阅到他所需要的书刊。

只有同时满足了这三个条件的藏书结构才是一个好的藏书结构。只有这样,我们才能建立一个有重点、有层次的藏书结构体系。

三、怎样建立最佳藏书结构体系

1. 制定总体规划,根据图书馆的性质、任务、规模、藏书基础和读者情况制定了一个长远的发展规划,作为形成最佳藏书结构体系的奋斗目标。为此,要作大量调查研究,总结经验教训,拟定出一个比较合理的而又切实可行的规划,并依据这个总体规划再制定年度计划,形成一整套藏书建设的一幅蓝图。馆长,至少是业务馆长要亲自抓总体规划的贯彻和落实,抓年度计划的起草和执行。

2.组建一个强有力的采访部,在全馆实行"集中采购",统一承担中外书刊资料的收集和交换工作。在采购时,要把好"初选关",对书刊资料进行优选,以便优化馆藏;在入藏时,要把好"复审关",对订购、赠阅、交换进来的书刊资料进行精选,以便精化馆藏;在典藏时,要把好"更新关",剔除陈旧过时、破碎污损的书刊以及对读者无益的藏书,以便净化馆藏;在提供时,不但要"为读者找书",而且要"为书找读者",充分发挥藏书的作用,以便活化馆藏。

3.在具体的工作中,要根据已制定出来的采购原则,搞好藏书工作。

第一,必须研究书源,了解和掌握当代出版物的特点并根据这些特点制定出正确的采购方针。

当代出版物的显著特点是数量急剧增加;内容重复交叉;载体形式多样;译著数种增大;文献时效性强;专业日趋分化等。采购人员必须根据这些特点,有区别地、有针对性地、恰如其分地选购它们。

第二,必须研究读者,了解和掌握读者的实际需要并且始终把大多数读者的基本需要作为采购重点,在任何时候和任何情况下都不能动摇。

诚然,图书馆在满足大多数读者经常的、基本需要的同时,又要照顾个别读者的特殊需要,既要保证重点读者的用书,同时又要为一般读者提供书刊资料;既要从读者的近期要求着手,又要从读者的长远要求着眼,二者兼顾,不能偏废,但也不能平分秋色,不能喧宾夺主。

第三,在书刊和读者之间有一个中介,这就是图书流通这一重要环节。假如对书源和读者两方面的情况都作了深入细致的调查研究,并通过这种调查研究找到了图书与读者的最佳比例关系、供求关系,但是,这并不能保证这种最佳关系的实现。实现这种最佳关系的关键在于图书流通。这一点,我们将在下一节里说明。

第四,与采购密切相关的还有一个经费问题。经费使用的根本原则就是用有限的经费收到最大限度的效果,或者使经费与效果之间的关系达到最佳。

必须指出,经费高并不一定意味着效果也高,反之,经费少也并不表明效果差。著名的美国图书馆学家杜威(Melvil Deway)早在1876年就提出过一个口号:"用最少的经费给最多的读者以最好的阅读"(The best reading for the largest number at the least cost),并把它作为选择图书的准则。如果能达到这一点,可以说,经费和效益之间的关系、图书馆与读者之间的关系就是最佳关系。

怎样确保获得这种最佳关系呢?

(1)必须实行经济管理原则

这是经费管理的第一条原则,详细情况将在第十三章中讨论,这里简略地提几点。

①最大效用原则。如果要在大家普遍需要的普通书籍和少数人用的高深精尖专著之间进行选择的话,我们当然首先选择前者。

②边际效用原则。读者必需的书刊出借量如果比不上风行一时的文艺作品流通率时,也不能减少前者入藏量,不能增加后者的入藏量。

③均等效用原则。各类书籍的入藏比例的分配要留有一定的弹性,对本馆读者的需要,都要尽量照顾到,从而达到"每位读者

有其书,每册书有其读者"*的最佳状态。

④剩余效用原则。多余的复本进行交换后所收到的效益和作用对交换双方的价值都是不能低估的。

(2)必须实行计划管理原则

在计划管理的原则里又可分为:

①横向发展计划。读者的需要是多方面的,它们涉及到了知识的各个领域,因此,对全馆读者的全部需要都要照顾到,注意全面、系统地收藏。

②纵向发展计划。对于现有读者要提供服务,对于可能的读者也要在藏书上作些必要的准备,除了一般著述外,对于经典著作和代表著作、世界名著及其有永久性价值的书籍也要收藏。这样就能以巨大的知识蕴藏量服务川流不息的读者。

③代谢发展计划。图书馆的藏书量总有一个限度,它不能无限地增长,因此就应该经常地"吐故纳新"。

4.除以上几点外,还要做好采购协调工作,这种协调包括地区性协调、部门性协调、出版物协调和采购法协调等,对提高采购质量影响很大。

关于经费和效果问题,我们将分别在十三、十四章里详加说明。

藏书建设在总体上应包含哪些内容呢?

一.藏书建设的指导方针

1.政治思想性原则

①收集马列主义经典著作以及党和国家领导人的著作及研究

---

* 印度著名图书馆学家阮冈纳赞在1931年就提出了"每位读者有其书,每册书有其读者"等五项准则。其全文是:"Books are for use, Every reader his book, Every book its reader, Save the time of the reader, The library is a growing organism"。

资料;②党和政府的各种文件;③政治课和德育课的相关参考资料;④贯彻"百花齐放,百家争鸣"和"古为今用","洋为中用"的方针,兼收各种学派和各种观点的著作。

2. 目的性原则

要把为本馆的方针、任务作为藏书建设的特定目的,具体来说,就是一定要符合本馆读者的实际需要。

3. 计划性原则

要对本馆藏书的规模、发展、现有结构以及藏书经费的使用等制定出切实可行的计划并在行动中加以贯彻。

4. 系统性原则

这是指要保证藏书的范围、藏书的重点等方面的系统性和完整性。

5. 经济性原则

①充分利用现有藏书;②少花钱而藏书质量高,使用效果好。

6. 协调性原则

①各馆都要克服"大而全"、"小而全"的思想,树立全局观点;②积极开展馆际互借,协作和协调,合理布局藏书;③逐步实现"资源共享"。

二. 藏书的数量指标

1. 一个图书馆在初创时,应拥有的最低藏书量不得少于一定的数量。以大学图书馆为例,这个最低藏书量不得少于 50 册/一个学生。

2. 初具规模后,图书保障率应不少于 100 册/一个学生。

3. 一个图书馆的最高藏书量当参照 1979 年 12 月开始实行的有关规定(仍以大学为例):

在校生人数	科类	最高藏书量	图书保障率
500	理工	13 万	260 本/人
	文科	18 万	360 本/人
1000	理工	22 万	220 本/人
	文科	30 万	300 本/人
2000	理工	38 万	190 本/人
	文科	50 万	250 本/人
3000	理工	50 万	170 本/人
	文科	66 万	220 本/人
5000	理工	70 万	140 本/人
	文科	100 万	200 本/人

全国重点高校或老学校的藏书量已超上述标准,可适当地增加一定的数量,例如增加 20%。

三. 藏书的质量指标

1. 藏书利用率。应达到 70%。

2. 拒借率。比较理想的是 10% ~ 20%,但最高不得超过 30%。

3. 复本率。总的原则是"种多册少"、"保证重点"、"同类递减"、"自由选购"。对一个大学图书馆来说,其中文藏书总平均复本应有如下规定:

在校生人数	平均复本数
1000 人(为基数)	4 本
每增加 1000 人	复本增加 10%
3000 人	4.84
4000 人	5.32
5000 人	5.85
6000 人	6.44
7000 人	7.08

在校生人数	平均复本数
8000 人	7.79
9000 人	8.58
10000 人	9.43

外文图书的复本应控制在两本以内。

4. 进书率与新书率。①进书率每年应保持在 7% ~ 10%；②新书率（即五年以内的新书占总藏书数的百分比），理工科学校应在 40% 以上，文科大学则可保持在 20% 左右。

5. 藏书结构

①学科类型划分

理工科学校 $\begin{cases} 哲学、社会科学—40\% \\ 自 \ 然 \ 科 \ 学—60\% \end{cases}$

文科学校 $\begin{cases} 哲学、社会科学—80\% \\ 自 \ 然 \ 科 \ 学—20\% \end{cases}$

综合性大学 $\begin{cases} 哲学、社会科学—60\% \\ 自 \ 然 \ 科 \ 学—40\% \end{cases}$

②藏书等级（共分五级）

研究级（国家科研项目和培训博士研究生用书），要求：精、尖、专、新，应占 5% 以上。

教学级（用于教师备课、进修、普通研究生培训），兼收各派论著，借以反映各科进展情况，应占 20% 左右。

学习级（用于大学生学习本专业课程）应占 50% 以上。

参阅级（课外阅读，扩大学生知识面，提高其共产主义道德品质和文化素养），要求在内容上广泛、新颖，应占 20% 左右。

备用级（供小范围内读者偶然参阅用），这部分藏书只占 5%。

第三节　建设多途径多功能的目录检索体系

目录检索体系是图书馆工作的基本科学手段,是图书馆整体结构相互联系的链条和工具。图书馆藏书的收集与整理、藏书的组织和揭示、知识情报的传递和交流、图书资源的开发和利用,都要求建设彼此联系的多途径多功能因而能进行多元检索的目录检索体系。

由此可见,目录检索体系是充分利用藏书的基础,是广、快、精、准地为读者服务的必要条件,是辅导读者,帮助读者打开知识宝库的钥匙。

一. 分类编目工作的科学管理

图书馆分类工作是藏书组织工作的重要环节,是图书馆借以组织馆藏,揭示馆藏,利用馆藏的一种基本的和主要的方法,它是根据事物的共同点把它们归入较大的类,又根据事物的差异点把它们分入为较小的类,从而把事物组成一个具有从属(纵的)和平行(横的)关系的不同等级的系统。或者换句话说,分类就是为了把图书文献准确地存入库房,同时又能迅速地把它们从书架上取出来,以供读者使用。可见,图书馆里的分类工作是个存取系统。

对图书分类的要求很高,其核心是"准"、"快"二字。因此,分类工作的科学管理就必须从"准"和"快"入手。

编目工作的本质是一个编检系统,其基本任务就是要在"编"和"检"之间建立起一种最佳联系——使读者能够广、快、精、准地检索到他所需要的图书文献资料。这也是对编目管理工作的要求。因此,如何准确地、全面地和详尽地反映藏书的内容,怎样合理地、系统地和科学地组织馆藏以使读者能够准确迅速地检索到

194

所需资料,这始终是编目工作要研究和解决的基本课题。

怎样才能实现图书分类工作和图书编目工作的科学管理呢?

1.建立、健全岗位责任制以及有关规章制度是科学管理图书分编工作的客观依据。

有了这一条,工作起来就有章可循,有章必循,步调一致,整齐划一,干工作就有准则,检查工作就有依据,提高业务就有方向。总之,有利于提高图书分类编目的质量,有利于分编工作的标准化、规格化和系统化。当然,就全国来说,分编工作的科学管理一定要走全国统一分类和集中编目的必由之路。

2.加强工作定额管理是科学管理分编工作的重要内容。

在图书分类和图书编目工作中实行工作定额管理,就是要采取一定的方法为分编系统的各个程序设计和制定出既先进又合理、既不轻而易举又是经过努力可以达到的工作量定额,并保证付诸实现。

值得提出的是,对分析著录要实行效益分析。由于分析款目可节约读者的查目时间,提高查准率、查全率和检索速度,其效益要比进行这种著录所花费的人力、物力和财力大得多,因此是合算的。

现在还没有一个经过大量实践证明为符合科学的定额标准,还在进一步探索。但是,在制定工作定额的时候,必须注意:

①统计历年工作量,同时参照目前从事分类编目工作的人的具体情况,进行综合平衡,制定出恰当的指标;

②不能定得太高,要有一定的弹性;

③要认识到,定额完成的好坏只是衡量工作好坏的一个方面。要注意其它方面,要注意做好政治思想工作。

3.提高业务水平,充分发挥分编人员的积极性,是科学管理图书分编工作的基础。

要合理安排和组织好人力,发挥每个分编人员的特长,人尽其才,才尽其用,提高工作效率。要加强业务学习,并注意培养能够胜任此项工作的多面手。

4. 从实际出发,根据内部因素和外部情况等信息,及时协调全组工作,是科学管理图书分编工作的关键。

所谓"内部因素",是指分编工作各工序之间的人力安排、协调,以确保新书能够准确、迅速地进入流通过程;所谓"外部情况",是指分编工作同读者需求之间的关系。图书分编工作的科学管理要求随时随地根据信息及时进行调整,使其达到"准"和"快"的要求。

5. 尽早实现全国统一分类、集中在版编目,是科学管理图书分编工作的发展趋势和必由之路。现在我们有了"文献著录总则"的国家标准,就是第一步。

国外的实践证明,统一分类、集中编目不但能够做到"准"、"快",而且能够节约大量人力、物力和财力。这和标准化关系极大,将在第十五章里详述。

二、关键在于建立一个多途径多功能的目录检索体系

分类编目的根本目的是揭示馆藏、检索馆藏,最后落实在使用馆藏上。这种揭示,是充分地、完全地、系统地揭示,这种检索是多途径地、多功能地和多元地检索。为此,必须做到:

1. 进行完全的分类,即从分类的角度完全反映馆藏;

2. 进行完全的著录,调动一切目录学手段充分揭示馆藏;

3. 组织各种用途的目录,即不但有分类目录、书名目录、著者目录,而且还要突出主题目录或者建立一套不同语言文种、不同出版类型、不同载体、不同版本混排的主题字顺目录。

4. 编制不同形态的目录,即不但有卡片式目录,而且有活页式目录和书本式目录。

5. 要积极准备条件或有了条件者就要着手编制我们自己的

"马尔克"（MARC = Machine Readable Catalogue——机读目录）。

第四节　建立多级别多形式的藏书组保体系

藏书的组保体系包含两个内容：一是藏书的组织，一是藏书的保护。

一、合理组织藏书

怎样合理布局藏书？关键在科学划分书库。现在的基本经验就是实行"三线藏书体制"。

第一种组织法是：

1. 第一线，就是开架阅览室，其中包括检索室、现刊室和专刊室；

2. 第二线，就是各种辅助书库；

3. 第三线，就是基藏书库。

第二种组织法是这样一种藏书布局模式：

1. 横向分布态：可按文献的类型划分书库，布局藏书，例如，一次文献库，二次文献库和三次文献库等等；可按文献的文种划分书库，布局藏书，例如中文库、外文库等；可按文献的学科门类划分书库，布局藏书，例如社科书库、科技书库等；可按读者对象划分书库，布局藏书，例如教师阅览室（库）、学生阅览室（库）等。

2. 纵向分布态：可按藏书利用率的高低划分书库，布局藏书，例如，通常把利用率最高的作为第一线藏书，放在开架阅览室里；把利用率较高的作为第二线藏书，陈列在辅助书库中。

第三种组织法是"时限法"，即按文献的问世时间来划分书库，组织藏书。

1. 3～5 年的文献为第一线藏书；

2.5 年以上为第二线藏书；

3. 处于呆滞状态的是第三线藏书。

第四种组织法是统计法。第五种组织法是经验法。总之，根据藏书的不同情况区别对待，目地在于充分发挥，有效利用。

二. 科学保护藏书

为了保护好国家的书刊资源，为了延长藏书使用寿命以便更好地为读者服务，就要对藏书进行科学的、有效的保护。

1. 防尘。灰尘不仅沾污藏书，而且有损于工作人员的身体健康，因此，要注意防尘，最好采用吸尘器。

2. 防潮。潮湿能加快图书腐烂变质而缩短使用寿命，因此，要注意防潮，最好安装防潮层，采用通风吸潮等。

3. 防虫。蠹鱼、霉菌和白蚂蚁对图书的破坏极为严重，因此，要引起重视，"以防为主，以治为辅"，放置灭虫药物，注意通风。

4. 防鼠。老鼠是藏书的大敌，因此要采取有效措施，堵塞洞窟，设置器具和药物及时消灭。

5. 防火。火灾对藏书的破坏是"毁灭性的"，因此，必须严加防范。消灭祸源，安装设备（有条件的可配备自动灭火和报警装置），建立制度。值得注意的是书库里不要安"水龙"，水灭火后，书已无法使用了。

6. 防紫外线。紫外线的照射对书也很不利，因此，要安装毛玻璃、遮阳板等。

7. 防盗。加强书库管理，建立、健全入库、遗失、损坏、盗窃藏书赔款制度和处理方法。有条件的，可安装防窃装置和电视监控台等。

8. 定期修补，装订。藏书及时装订、修补可以延长藏书寿命，充分发挥作用。小修小补可在书库里进行，大修大补可在本馆装订厂进行或送装订厂、印刷厂。

第五节 建立多类型多方式的藏书流通体系

图书馆为读者服务能力的大小,工作效率的高低,服务质量的好坏,最终都要在图书流通上表现出来。因此,加强藏书的流通管理,是图书馆科学管理的关键性和决定性一环,必须切实抓好。

为了避免与第十章"读者服务工作的科学管理"中的某些内容重复,所以在本章中只粗略地说明这个藏书流通体系的基本构成。

藏书组织是为藏书流通服务的。现在,为了充分发挥书刊作用,必须变原来的单一服务方式为多种服务方式,例如开展外借服务、内阅服务、咨询服务、检索服务、定题服务、跟踪服务、复印服务、代译服务、展览服务等等;变被动服务为主动服务,例如"为书找读者"、预约服务、流动服务、送书上门等等都很受欢迎。

为了适应这种形势,藏书组织工作就要改变以往的组织方式,要调整以往的布局,使之有益于充分利用藏书的作用。

藏书流通管理的核心就是最大限度地提高书刊资料的流通率,最大限度地发挥它们的作用。

一、影响图书流通率的诸因素

影响流通率的因素很多,情况也很复杂,与全馆各项工作几乎都有关系。现摘其主要分列如下:

1. 与采购工作的关系

图书流通的基础是藏书,这就是说,没有藏书也就无所谓流通。因此图书流通率与藏书的多寡以及它们符合读者要求的程度有着最紧密的关系。

2. 与分编工作的关系

图书分编工作是为图书流通工作服务的,而流通工作又以分编工作为前提。因此,分编工作的对错、快慢以及是否方便读者查找,将对图书流通率产生重要影响。

3. 与典藏工作的关系

图书典藏工作是为图书流通工作做准备的,这种工作是否充分和迅速,不可避免地要在图书流通工作中反映出来。

4. 与读者工作的关系

图书流通率与读者工作将发生最直接的关系,例如开馆时间长短、借阅手续繁简、阅览面积大小、开架范围宽窄以及宣传辅导工作是否得力及时、参考咨询工作是否主动积极、借期长短、借数多少和馆际互借情况等直接影响着图书流通率。

5. 与工作人员的关系

以上各种工作都是由人完成的,所谓流通率高低,实际上是工作人员工作效率的一种反映。除了作为物质因素的藏书和必要的设备用品以外,起决定作用的因素就是图书馆员了。图书流通率与馆员的责任心、工作态度、业务能力、文化水平以及劳动组织关系极大。

各种影响图书流通率的因素,请参看下页的示意图"影响流通率诸因素树形结构图"。

二、提高图书流通率的措施

1. 切实加强图书采购工作,建立与本馆读者所从事的专业相适应的藏书体系,保证满足大多数读者的基本阅读需要。对于少数读者的一时、特殊的阅读要求,应积极通过复制或馆际互借办法予以解决。

2. 改进分编工作,尤其应加强目录工作,加强宣传辅导,让读者掌握目录的查找方法。

3. 尽可能地增加开馆时间。列宁十分强调这一点,曾经具体

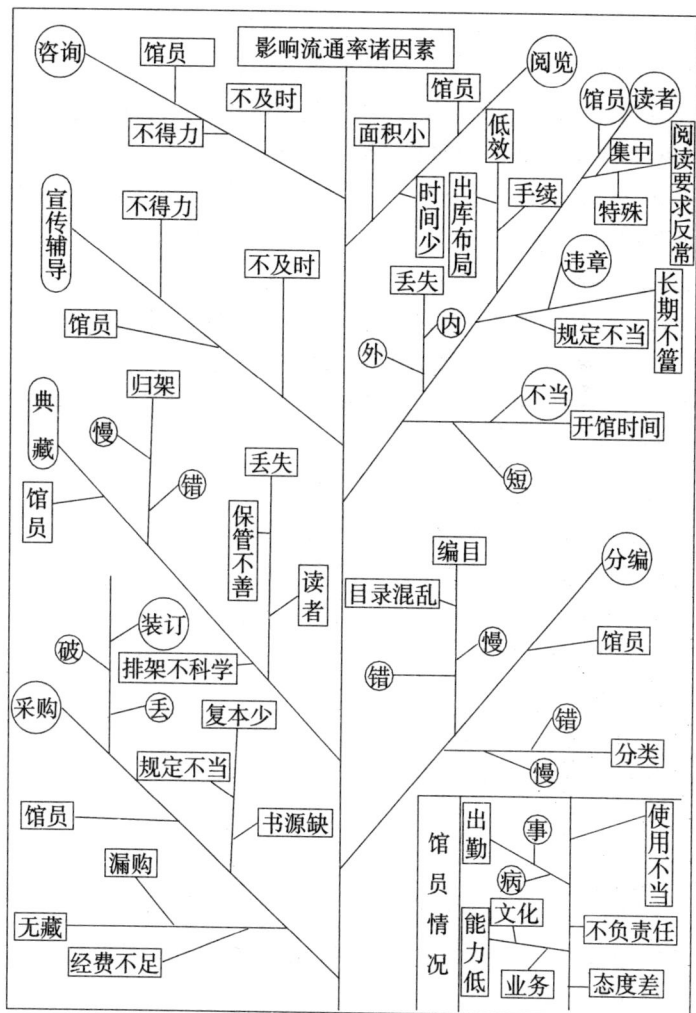

影响流通率诸因素树形结构图

地指示说:"阅览室应当像文明国家为有钱人服务的私立的图书馆和阅览室那样每天从早8点开放到晚11点,节日和星期日也不例外。"《中华人民共和国高等学校图书馆工作条例》则规定："开馆阅览时间每周不少于70小时。寒暑假应保证一定开馆时间。"因此,应该考虑增加图书馆工作人员的编制以便实行两班工作制。

4.尽最大可能扩大阅览面积。馆内阅览是图书流通的一种重要形式,尤其对高等学校图书馆来说,其读者的主要课外活动的场所就是图书馆的阅览室。因此,图书馆应根据读者人数和实际需要,开辟各种类型、各种规模、各种性质的阅览室。在复本不多而读者需要又比较集中的情况下,阅览室将发挥它的特殊作用。

5.提高图书的周转率。进行调查研究,制定出合理而又恰当的借书期限和借书册限,同时采取有效措施,提高借还书的效率,以加速图书的周转。

6.扩大开架和半开架的范围和数量。积极创造条件,加强科学管理,逐步扩大开架和半开架书刊范围和数量,或者实行一部分书刊的开架和半开架借阅方式,努力提高书刊的利用率。

7.采取先进的排架方法,提高归架和取书的速度。

8.合理布局书库和阅览室、资料室,为读者提供最方便的条件。

9.根据读者需要和实际可能分设各种出纳口,健全服务体系。实行分科借阅办法,提高工作效率。

10.加强宣传辅导工作,积极宣传、推荐优秀书刊,扩大流通范围。

11.大力开展参考咨询工作,主动配合生产、教学和科研活动,开展定题服务、跟踪服务,广、快、精、准地为读者提供书刊资料。

12.积极创造条件,改善工作环境,逐步实行机械化和自动化,最后实现计算机流通服务。

13.大力开展国家间的馆际互借活动和地区、系统间的协调工作。

14.努力培养干部,不断提高其业务能力和管理水平。

思考题

1. 如何对藏书进行科学管理?
2. 建立怎样的藏书体系更有利于图书馆的科学管理?
3. 藏书科学管理对整个图书馆的科学管理有什么意义?

本章参考文献

1. 图书馆工作概要　第六章/周文骏著. —天津:天津人民出版社,1980
2. 高校图书馆三种类型藏书的划分及其对各项工作的影响/蔡成瑛著//青海图书馆. —1980(1)
3. 对三级管理制的一些看法/任向生著//图书馆学研究. —1980(11)
4. 图书馆采访学/顾敏著. —台湾:学生书局,1981
5. 图书馆学基础　第五章/北京大学,武汉大学编著. —北京:商务印书馆,1981
6. 图书馆藏书组织新议/庄义逊著//广东图书馆学刊. —1981(2)
7. 用科学方法组织图书分编工作浅谈/吴允和,林国乐著//图书与情报工作. —1981(3)
8. 图书流通学初探/朱立文著//福建图书馆学会通讯. —1981(4)
9. 最佳藏书体系的四个标志/于鸣镝著//山东图书馆季刊. —1982(4)
10. 藏书分布模式初探/张欣毅,沈继武著//图书情报工作. —1982(5)
11. 图书采编工作系统工程初探/杨旸著//湘讯通讯. —1982(5)
12. 藏书结构小识/于鸣镝著//云南图书馆. —1984(2)
13. 藏书建设的总体要求/张厚涵著//图书与情报工作. —1984(4)

第十二章　图书馆馆舍与设备的管理

　　图书馆的建筑与设备是构成图书馆的五项基本要素之一,对于图书馆贯彻其方针,完成其任务起着重要的作用。不言而喻,如果设计上不合理,布局上不符合要求,管理上不得当,使用上不科学,势必要影响图书馆方针任务的贯彻执行。因此,它也是图书馆管理学所要研究的内容之一。

　　关于馆舍建筑投资、方案设计、施工建筑等技术工艺方面的问题,我们在这里都不涉及。这一章,我们将着重讨论怎样使馆舍和设备最大限度地发挥其固有作用,如何使读者利用图书馆等有关问题。

第一节　图书馆馆舍的管理

一、图书馆建筑功能同图书馆社会职能之间的关系

　　建筑物的社会功能取决于使用该建筑物的那个机构的社会职能。这就是说,不同的机构要求不同的建筑。众所周知,图书馆与其它机构是不同的,因而其馆舍在建筑上应有其特殊的要求。

　　图书馆的社会职能是由图书馆的性质和任务决定的,因此,图书馆建筑必须同图书馆的方针任务相适应,必须以能够最大成效

地开展各项工作为根本出发点。

图书馆的社会职能不是固定不变的,换言之,不同时代的图书馆其社会职能的区别是很大的;随着时代的前进,它也在不断地向前发展。把图书馆的社会职能的时代性特点加以系列化,将有助于研究图书馆的性质、职能和作用,有助于考察和研究图书馆建筑的功能,从而使图书馆的馆舍建筑设计得更易于开展图书的流通工作。

图书馆建筑大体上经历了三个阶段:

第一代图书馆,其社会职能是收藏和保管图书,以藏为主,因此,反映在图书馆的建筑上,只满足于能有收藏好和保管好图书的书库就行了。这就是所谓的藏书楼时代。

第二代图书馆,其社会职能是"藏"、"用"并重。从十九世纪初期开始,图书馆的社会职能就由收藏保管逐渐转向流通借阅方面,同时又逐步开展阅读辅导和参考咨询工作。这样一来,在图书馆的建筑上,光有书库就远远不够了,还必须增加一些用于图书的加工整理、流通阅览等方面的用房,结果,图书馆的建筑面积增加了,房间的种类也增多了。

第三代图书馆,其社会职能是以用为主,并逐步走向多样化,而管理和服务手段又在逐步实现计算机化和网络化,由情报中心、数据库向"智力能源中心"的方向发展,在社会上起着"智囊"作用,这时"藏"和"用"的界限逐渐消失。

目前,我国图书馆正处在"第二代"。我们的目标是"第三代"。在进行新馆建筑设计时必须考虑这些情况。

二、图书馆建筑功能的诸因素

1. 外部因素,包括面积和馆址等。

①建筑面积。在面积当中,除了图书馆本身馆舍建筑面积以外,还必须把周围的绿化区域的面积也考虑在内。这是因为,如果

没有相当的绿化区,就很难保证图书馆及其使用效果的最佳化。

图书馆建筑面积的大小取决于藏书的数量、阅览室的设置等,而藏书的数量又取决于图书馆的规模,图书馆的规模又与读者的人数有关。

②馆址。图书馆建筑是一种公共设施。因此,为了方便读者群众,无论是学校图书馆还是专业(科研)图书馆,都应当把它作为本单位整体建筑群的中心和主体。至于公共图书馆,更要为广大群众着想,最好把它建筑在市中心或者文化区的中心地带。理想的馆址还应该建在交通方便同时噪音污染小的地方。这虽然存在着一定的矛盾,但可以用调整车站或稍微改变一下行车路线就解决了。

另外,计算标准、建筑投资、建筑材料及设备等等,都对馆舍建筑有很大影响,必须给予足够的重视。否则,在指导思想上略有失误,就会出纰漏;加之客观条件上的许多限制,就会带来一系列问题。例如投资就是一个大问题,应该从实际使用上和经济效果上全面认识问题,而不能片面地追求"节约"。"节约"不得当就会造成更大的浪费,在这一问题上有过不少教训。

2. 内部因素,包括三类用房之间的关系和三条路线之间的关系。

内部因素是构成建筑物功能的依据,在具备一定的外部因素的情况下如何发扬内部因素的有利方面,是设计人员包括图书馆在内都必须着重研究的问题。

内部因素分为静态部分和动态部分。

静态部分由读者阅览用房、图书保管流通用房以及业务管理用房三部分组成。动态部分是由读者活动路线(读者流)、图书流动路线(图书流)和管理人员活动路线(馆员流)三条主要路线组成。抓住了这三类用房之间和三条路线之间的相互关系,我们就抓住了内部因素的关键,就掌握了建筑功能的核心,就有可能使图书馆馆舍布局合理、组配谐调,就能建筑一座便于科学管理,同时更方便读者使用的图书馆了。为了做到这一点,我们必须处理好以下两种关系:

①处理好三类用房之间的关系。必须在三类用房当中明确其主次,统筹安排。

图书馆的根本宗旨就是为读者服务,因此,必须把读者用房置于首要地位。要保证读者有一个良好的学习环境和安静、明亮的房间,就要在读者用房之中重点保证各种阅览室,必须把它设计好、建筑好。

借书处应放在读者和图书分编部门都十分方便的地方,而且注意三条路线不要交叉或重叠。

业务用房要根据工作性质和工作需要尽量造成适当的工作条件,不应忽视,不应搞"一刀切"。

②处理好三条路线之间的关系。对三条路线的总要求是"路线简捷,联系方便,行动畅通"。具体地说,对读者要尽量满足其"进馆见书"的愿望,为他们去借书处、去阅览室提供方便;对馆员,则应为他们在采编、典藏、流通阅览等业务部门之间提供一个不受读者干扰的业务通路;对于藏书,则要为它们在采购、分类、编目、典藏、借阅、阅览等整个流程中提供一个平坦的、畅通无阻的、不受读者或不相关人员干扰的传递通路。

对于人流(包括读者流和馆员流)同书流之间的干扰问题,一般都采取毗邻式、单元式和垂直式建筑来解决;对于保证书流畅通无阻的问题,主要着手解决书库和工作间的关系问题和阅览室层高不一的问题,常见的解决办法是让阅览室的层高成为书库层高的倍数(二倍或一倍半)。

③处理好缩微化、声像化与建筑的关系。世界上各种出版物急剧增加,使得图书收藏单位不得不考虑改变原有的存贮方式。无限度地扩建馆舍既不可能,也没必要。世界上许多国家都设法

改变图书资料的载体,发展缩微化。有些馆每年藏书按"0级"增长。具体的措施是:一、固定书架与密集书架相结合,三分之二做固定书架,藏常用书,三分之一采用密集书架,专藏非常用书。二、每年剔除的非常用书,除留一本放密集书架外,其余全部处理。三、把大量的非常用书缩微成胶卷、胶片或缩印本存贮起来(现在的缩微技术是一张胶片可缩印98页到270页以至1000页的文献)。在这种情况下,在计算书库面积时就要考虑上述情况,同时也要考虑相应的装置及其相应设备等。

④处理好传输自动化与建筑的关系。实现书库中图书传送自动化是当前图书馆提高工效、减轻劳动强度的重要课题。通常是采取机械传送、空压传送、光电控制传送、激光导向传送等现代技术。比较先进的是磁轨书斗、垂直平行结合运行,可接通99个服务站。而为了安装这些设备,在建馆设计时就必须考虑进去。

⑤处理好开架阅览与建筑的关系。实行开架后,在馆舍建筑上就要考虑辅助书库与开架阅览室的关系;开架面积的承重计算;书架间距的标准;读者出入通道的位置以及读者座位的分布等问题。

⑥处理好检索电子化与建筑的关系。图书馆使用电脑以后会给图书馆建筑上带来一些新的问题,例如电脑中心的设计问题;输出输入控制操作的布局问题;终端使用的通道问题;磁盘存放装置问题;读者检索终端的分布以及联机检索的路线问题等等。

⑦处理好传递网络化与建筑的关系。全世界的情报传递网络发展很快,实现国际联机检索网络化并不是什么遥远的事情。因此,在进行馆舍设计时,就应加以考虑并力求设计合理、使用方便。

三、图书馆建筑的适用、经济和美观

一个现代化图书馆建筑应当具有坚固、适用的功能,良好的经济效果,朴素大方而又轻巧雅致的艺术造型,即应当是个适用、经

济、美观三者高度和谐的统一体。

1.图书馆建筑应当是一个适用性很强的建筑实体。这种适用性不仅是现实的,而且也是未来的,至少在相当一段时间里都不算太落后,都能与充分发挥图书馆的社会职能相适应。

2.图书馆建筑应当是一个经济性很好的建筑实体。这种经济性不仅是投资的合理使用,而且是实用价值的最佳获取,就是说要把经济性和实用性结合起来。

3.图书馆建筑应当是一个外形美观的建筑实体。这种美观不是脱离建筑物功能、物质技术和经济条件的所谓"宏伟"、"气魄",而是根据图书馆工作的实际要求,充分体现其服务性,有助于取得最佳的效果。

总之,要把三者统一起来,既有主次,又能兼顾,就有可能把关系处理好。实践证明,三者关系是可以处理好的,例如东北工学院在设计新馆方案时,就吸取了许多馆舍的优点,在许多方案中反复进行比较,多次修改、补充,逐步完善,因而设计的就较合理。

四、馆舍的使用和维护

在现有图书馆馆舍中可以分为专用馆舍和代用馆舍两大类。使用中的馆舍怎样让它使用得更合理从而提高它的使用寿命呢?

1.合理布局,充分利用全部空间

这是一个一般原则。至于每个具体图书馆因其具体情况不同,实际做法上也很不一致。只要根据这个原则,开动脑筋,发动群众想办法,就一定会见成效。例如,沈阳的中国医科大学图书馆有一个地下室,虽光线较差但不潮湿,而且还有冬暖夏凉的优点。他们对这个地下室进行了合理的改造和利用,效果很好。光线不好,他们安装了足够的日光灯;室内柱子较多,他们在柱子四周各安一立式灯管,下面加设四面写字板,正好可作阅览桌,教师在此翻阅期刊,光线充足而互不干扰,看上去又整齐,又美观,空间利用得很充分。

2. 千方百计方便读者

国外实行的密集书架确能使书库空间真正"饱和"，因而使其容量成倍增长，若能实行，一定能发挥威力。但是在我国目前的条件下，还不能普及。大多数图书馆都在积极试行"三线藏书组织法"，收到了明显的效果。

3. 注意爱护，经常维修

①爱护门窗，不能摔撞，更不得随便卸拆。

②爱护灯具、玻璃，不得打碎，违者赔偿。

③讲究卫生，保持清洁。

④不准在墙壁随意打洞，也不得到处张贴、涂写。

⑤发现破洞，及时修补。

⑥门窗定期油漆。

⑦暖气每年检修。

⑧厕所经常冲洗。

⑨下水道保持畅通。

⑩屋瓦按期翻修。

⑪墙壁及时粉刷。

所有这一切，都必须坚持实行"责任制"，并落实到使用部门和个人，否则就可能落空。

某些代用馆舍要适当改修，但是，切不可大动大改，不能拘泥于图书馆建筑的特殊要求，不顾具体情况，不顾实际可能"做大手术"（这样做不但浪费人力、物力、财力，而且也破坏原建筑物的结构，影响它的寿命甚至可能发生危险）。当然，如果能在可能的条件下，为了方便读者，为了更好地开展工作，做些必要的改建是需要的。但重点应该放在把现有的空间利用好、保护好、维修好，充分地发挥它的作用。

另外在建筑新馆舍时，有一条是绝对不能忘的，即图书馆必须成立馆舍筹建小组,从编制"设计任务书"到具体设计,从选址到施工,最后一直到验收,要自始至终参加决策。这一条必须坚持。

第二节 图书馆设备的管理

图书馆设备是它开展业务工作的不可缺少的条件和重要工具。没有必要的设备,不要说图书馆的科学管理有困难,就连平时的正常业务工作也较难维持。

一、设备管理的意义

概括起来,对设备进行科学管理的意义是:

1. 是贯彻图书馆方针,完成图书馆任务和实现图书馆目标的有力手段。保证设备的完好状态,不但可以保证图书馆为读者的服务活动正常进行,而且能提高各项工作的效率。

2. 是提高图书馆工作经济效益的有效措施。不言而喻,设备性能完好,就能正常使用,就能充分发挥作用,就能提高工作效率,即为更多的读者提供更多更快更好的服务,收到事半功倍的效果。

3. 是保持设备效能,延长其使用寿命的重要保证。不仅如此,通过对原有设备的维修和改造,逐渐使设备现代化,或一机多用,或多机联用,发挥更多更大的作用。

二、设备管理的任务

设备管理的主要任务是以获得各种设备寿命周期费用最经济而设备综合效能最理想为目标,其具体任务有:

1. 力求设备在整个"服役期"中消耗费用最少,综合效率最高;

2. 力求设备在使用过程中达到准确、安全、可靠,而在维修期

间又便于检查和修理,缩短维修时间,提高利用率;

3. 根据设备和工作需要,力求选购技术先进、经济合理、运行良好的设备,为工作提供良好的技术装备;

4. 搞好对原有设备的改造与更新,提高设备的现代化水平;

5. 加强保护,降低有形损耗和无形损耗。

三、图书馆设备的种类

1. 书库设备:①藏书设备:书架、书立、书库(包括电动书库);②空调设备;③除尘设备;④防湿设备(北方图书馆可免,但需放干燥袋);⑤运输设备:电梯(书梯)、传送带;⑥通讯设备:电话、报话机;⑦消防设备(但不能安装防火水龙)。

2. 阅读设备:①阅览桌椅;②书刊报架;③监视设备。

3. 视听设备:①放映机;②投影机;③电唱机;④收音机;⑤录音机(或收录机);⑥幻灯机;⑦电视机;⑧摄像机;⑨录像机;⑩照相缩微设备;⑪阅读器。

4. 业务工作设备:①打字机;②油印机;③穿孔机;④计算机(计算器);⑤计数器;⑥装订设备;⑦复印机。

5. 其它设备:①汽车;②黑板;③讲台④银幕;⑤窗帘。

四、图书馆设备的选购

选购图书馆设备时,应该注意以下八项:

1. 设备功能上的适用性,着重从设备的功率、行程、速度等技术参数进行鉴定;

2. 设备功能的可靠性即精密性,要保证设备的准确度和耐用性;

3. 设备功能的节能性即低耗性,因而具备了较好的经济性;

4. 设备的维修性即可修性或易修性;

5. 设备的环保性即无害性;

6. 设备的耐用性即经济性；

7. 设备的成套性即通用性；

8. 设备的灵活性即适应性。

五、图书馆设备的管理

（一）设备的管理

图书馆里的一切设备都必须保持其完好率，尤其是那些比较贵的精密仪器，更要保持其精确度和运行可靠性。为此，必须加强科学管理。

1. 制定出恰当的购置计划

必须根据实际需要、工作量和实际可能进行周密的考虑和调查研究，从型号、性能、规格、购价等方面全面衡量，制定出恰当的购置计划。

注意产品质量，保证购置的连续性，确保规格一致，以便成龙配套。

2. 要建立严格的管理制度

图书馆的各种设备，特别是那些贵重的仪器，必须订出切实可行的、严格的操作规程，指定专人负责，并实行岗位责任制。

各种操作、管理人员，要经过严格的专门训练。他们必须熟练掌握所用、所管设备的操作技能和维修知识。他们必须经过考试（或考核）并且获取操作证书以后，方可操作，否则严禁乱动。

为了加强管理，提高工作人员的责任心，还要制定出必要的规章制度，如事故的登记和报告制度、维修保养规则、校验和检查制度、奖惩制度以及具体操作规程等。

3. 充分发挥现有设备的潜力

发挥现有设备的潜力，提高现有设备的利用率，扩大现有设备使用范围，加大现有设备的使用效果，是设备管理的一项重要内容。

①有些仪器具有多种用途,要让它们全部发挥出来;

②有些仪器或设备可以联合起来使用,借以完成它们单独使用所不能完成的复杂任务;

③一个馆的设备如果"吃不饱",最好不让它"挨饿"、"睡觉",可以为兄弟单位服务,当然可适当收些费用;

④最好建立地区性或系统性的中心机构,分工又合作,为本地区或本系统的兄弟馆服务,同时开展其它活动如技术交流会、各种短训班、学术讨论会、报告会或研讨会,培养专门人才。

总之,设备的潜力是有的,只要我们按照科学管理的原则办事,就一定能把它们的作用充分发挥出来。

4. 降低设备的有形损耗率和无形损耗率

马克思说过:"机器除了有形的损耗以外,还有所谓的无形损耗。只要同样结构的机器能够更便宜地再生产出来,或者出现更好的机器同原有的机器相竞争,原有机器的交换价值就会受到损失。在这两种情况下,即便原有的机器还十分年轻和富有生命力,它的价值也不再由实际物化在其中的劳动时间来决定,而是由它本身的再生产或更好机器的再生产的必要劳动时间来决定了。因此,它或多或少地贬价了。"*这就是说机器也有个"最佳年龄期"的问题,在它"十分年轻和富有生命力"的时期,应该让它充分发挥其能动作用,即要保护好,又要利用好。尤其在技术进步迅速,产品更新很快的时候,更不能让新机器新设备"闲起来"或者"大马拉小车"。这是一种真正的浪费,除设备本身的无形损耗外,不用是极大的浪费。

5. 加强安全措施,确保工作人员健康。

(二)设备的日常管理

1. 对设备进行分类、编号和登记;

---

* 马克思恩格斯全集 第23卷/(德)马克思,恩格斯著.—北京:人民出版社,1959

2. 分类保管与分工管理；

3. 验收、保管、移交、封存；

4. 事故处理、报废。

（三）设备的使用与维修

1. 合理使用。①合理安排任务，防止超负荷运行和"大马拉小车"；②配备专职人员，凭证操作；③提供良好环境和正常秩序；④建立安全使用制度并严格遵守；⑤开展竞赛活动。

2. 维修、保养。①检后修理法；②定期修理法；③标准修理法。

（四）设备的改造和更新

1. 提高新进设备的技术性能；

2. 提高原有设备的技术功能；

3. 部分改进旧设备的性能。

思考题

1. 馆舍对图书馆的科学管理有什么意义？怎样设计好、使用好馆舍？

2. 设备在图书馆工作中的作用是什么？怎样科学地管理它们，从而发挥它们的全部作用？

本章参考文献

1. 图书馆建筑设计/清华大学建工系编著. —北京：中国建筑工业出版社，1979

2. 图书馆的科学管理/张德芳著. —油印本. —1980

3. 建筑现代化图书馆/陈世民著//图书馆学通讯. —1980（1）

4. 馆舍建筑浅谈/张天骧著//四川图书馆学报. —1980(3)

5. 关于高等院校图书馆建筑设计中一些问题的探讨/刘德桓著//东北地区图书馆学科学讨论会论文. —1981

6. 图书馆工作管理科学化概论　第四章/辛希孟,江乃武编著. —吉林省图书馆学会,1981

7. 浅谈馆藏缩微化问题/梁永新著//东北地区图书馆学科学讨论会论文. —1981

8. 院校图书馆建筑中值得注意的几个问题/李家吉著//河南图书馆季刊. —1981(3)

9. 从便于管理节约人力来考虑图书馆建筑设计/李明华著//大学图书馆动态. —1982(1)

10. 高校图书馆设计的几点体会/居其宏著//高校图书馆工作参考资料. —1982(3)

11. 谈谈高等学校图书馆建筑设计中的几个问题/丁树筠著//高校图书馆工作参考资料. —1982(3)

12. 试拟我国图书馆建筑面积的标准数据/单行著//图书馆学研究. —1982(4)

13. 图书馆建筑与图书馆现代化/郭松年著//图书情报工作. —1982(4)

14. 现代化设备和技术在图书馆工作中的选择/王玉祥著//吉林高校图书馆通讯. —1983(3)

15. 静电复印工作管见/纪瑞林著//吉林高校图书馆通讯. —1983(2)

第十三章　图书馆经费的管理

搞好图书馆事业的建设，最基本的条件之一就是图书馆要有足够的经费，因此，经费的管理就构成了图书馆管理学的基本内容之一，它在图书馆的科学管理中起着极为重要的作用。众所周知，一个图书馆的服务范围和服务质量在很大意义上取决于经费的充足程度。没有经费，不要说很多活动开展不起来，就连图书馆的基本工作也无法进行。

在图书馆的经费中，最基本的和最主要的是图书经费，因此，本章将主要讨论这个问题，其它费用不予详述。

第一节　经费的确定

在国外，国家对整个图书馆事业的投资，或者以人口总数的社会事业投资为依据，或者以国民总收入的固定百分比为依据。但是在我国，直到目前还没有一个可靠的依据。就一个图书馆而言，其经费数据也没有一个切实的标准。因此，我们应当把这个问题作为图书馆管理学一个重要课题来研究。

根据实践经验，我们认为，衡量一个图书馆的经费是否合理，是否恰当，不能单单看投资金额，不能简单地看它入藏书刊资料的数量或者每年拨给经费总数，主要地要看它的藏书是否与其读者所从事的专业相符合,它的复本率是否满足它的读者的基本需要;它是否形成了自己的藏书体系或者正在建立健全"藏"与"用"相适应的藏书服务体系。离开了这几点,就失去了客观标准,就找不到科学管理的依据,经费的预算就很难合理,经费的使用就很难做到科学而有效。当然,这一切都与读者人数、馆藏数量有直接关系。

现以高等学校图书馆为例,确定图书经费的标准和方法通常从以下两个方面进行考虑:

1.从学校每年的总经费中规定一定的比例,通常的情况是,综合性院校、文科院校以及师范院校图书馆,其图书经费(高等院校图书馆工作人员的工资不包括在图书馆经费之中)占全校教育经费总数的4—5%左右,而理工科院校图书馆的图书经费则占全校教育经费总数的3—4%左右。

2.按照全校师生总人数计算,通常的情况是,综合性院校、文科院校及师范院校图书馆,其图书的经费是每人每年平均15—30元,而理工科院校图书馆的经费则是每人每年平均10—25元。新建馆、基础较差的馆以及重点院校的图书馆的图书经费还应适当扩大。

我国高等院校图书馆的经费不包括工资和设备等项费用,只用于或主要用于购置书刊资料,其中维持费(图书修补、装订,加工用品的费用以及印刷费用等)不能超过10%。"中华人民共和国高等学校应重视藏书建设的投资。书刊资料购置费用应保持稳定,在全校教育事业费中应占适当比例,一般可参考5%左右的比例数,由学校研究决定。"这个条例现已正式公布实行,高校图书馆的图书经费已有改观。

公共图书馆的情况要复杂一些,因为在它的经费里包括有:①工资;②业务费用;③图书经费;④设备费用;⑤行政开支等。不仅如此,公共图书馆系统中各类型馆的规模相差悬殊(从国家图书

218

馆直到县区图书馆),读者人数众多而不稳定,专业面宽广而又复杂。因此,公共图书馆的经费受到诸多因素的制约和影响,估计起来和掌握起来都比较困难。有人根据中央书记处通过的《图书馆工作汇报提纲》中提出的全国图书馆投资总额,算出每个图书馆平均经费为 6 万元,并按照图书馆的大小,按照新建馆和原有馆进行了相应的"匡算"。

1. 地、市级的老馆,工作人员在 25—30 人左右,藏书量是 20 万册,每年净增新书 3 万册的话,它的经费每年在 10—15 万左右。

2. 县级老馆,工作人员 7—8 人,藏书量 5 万册,它的经费每年就应当是 3—5 万元。

这个数字是否科学? 很难说。因为它只是反映了目前我国公共图书馆系统各类型图书馆经费的实际状况(而且是个平均数)。但是,我国图书馆的经费普遍不足,现在,随着四化建设的不断推进,人们对图书资料的需要量增大,因而图书馆的经费会逐年增加。

关于图书馆的经费指标问题,有人把它分为两种,并列出如下计算公式:

一次性经费 = 馆舍面积 × 每平米造价 + 随添设备费 + 环境美化费

多次性经费 = 书刊购置费 + 设备增添与维修费 + 工资 + 福利费 + 办公费 + 培训费 + 网络活动费 + 科研活动费 + 每年物价上涨百分比 *

---

* 参看"本章参考文献"第 7 条.

第二节　经费的管理

一、经费管理办法

有了经费,能不能起到它应有的作用,关键在于经费管理是否科学,"用有限的经费选购到切合需要的书刊资料,并使这些资料发挥其最大的效用",这是经费的管理目标。企业管理中的"优质、低耗、高效"原则对于图书馆经费的管理是完全适用的。

怎样达到"优质、低耗、高效"的目标呢?

1. 根据本馆的方针、任务、读者对象、专业设置等情况制定出自己的藏书范围,确定入藏重点。这就是藏书建设规划。

2. 依据这个藏书建设规划,再制定出经费使用原则和每年经费的使用计划。这就是经费预算。

3. 制定经费使用制度或办法,并严格执行。

4. 坚定不移地贯彻勤俭节约的方针,坚决反对那种"书必我有"、"书必我用"、"小而全"、"大而全"、"万事不求人"的思想。在节约经费问题上,尤其要注意节约外汇。

5. 大多数读者的基本常用书刊必须首先满足需要。只要读者需要合理,就应尽力满足,与此同时,凡是少数甚至个别读者一时的、特殊的需要的书刊一般不买,努力通过馆际互借的办法加以解决。在遇有特殊需要时,哪怕花上十几元甚至几十元去复制也是经济的、必要的。

6. 在选购原版书刊的时候要特别注意,千万不要上书商的当(资本主义国家的出版商和书商为了赚钱,他们不择手段的弄虚作假,或同书异名,或同书异印,或同书异商等)。

7. 经过调查研究,制定出科学的藏书数量标准和藏书的质量标准。以高等学校图书馆为例,所谓藏书数量,主要指的是每个读者平均拥有的书刊数目,在综合性院校、文科院校以及师范院校图书馆,每个读者平均应拥有图书 165 册,而理工科院校图书馆,每个读者平均拥有的图书数则要低一些,大约在 67 册左右。165 册也好,67 册也好,这个数字显然是很低的,随着科学的日益进步,文献急剧增加,知识老化日趋突出,人们需要更多的书籍。

《中华人民共和国高等学校图书馆工作条例》上规定:"高等学校图书馆应根据学校教学和科学研究的需要及馆藏基础,通过多种途径,有计划、有重点地补充书刊资料,逐步形成具有本校专业特色的藏书体系。"

"采集书刊资料应以教学、科学研究用书为主,兼顾课外阅读的需要。"

"要注意保持重要书刊资料的完整性和连续性,注意收藏本校的出版物。"

这些规定,对高校图书馆的经费管理有着指导意义。

8. 成立地区或系统性藏书建设协调委员会,各自根据自己的藏书重点进行分工协作,以便形成本地区或本系统的采购网、藏书网。

有人注意到国外实行外单位借书收费的办法。我们认为,社会主义国家图书馆不宜采用此法。至于为某项重要科研项目开展相当规模的跟踪、定题服务,为读者代译外文资料或复制书刊等,收取一定的费用则是应该的,可行的。有的馆实行借书逾期罚款办法,有人主张借阅热门书收取适当费用,作为一种管理补充办法是可以的,但不应把它作为扩大图书馆经费的一个来源。

二、经费使用的有效率问题

科学管理和使用经费的目标在于提高经费的使用效果。这里存在一个"经费使用的有效率问题",它是经费使用中的有效金额

与经费总额之比,写成公式,就是:

$$E = \frac{Fe^*}{F} \quad \cdots\cdots\cdots\cdots\cdots\cdots (1)$$

不言而喻,我们希望有效率(E)越大越好。在一般情况下,E总是小于1,但我们应努力争取 E = 1。

影响 E 的因素很多,主要的有:

1. 经费分配的合理率

总经费中的各种经费各占多少比例合理? 这中间就有个合理分配的问题。"经费分配合理率"是经费分配当中的合理部分与当年经费之比,写成公式,就是:

$$R = \frac{Fr}{F} \quad \cdots\cdots\cdots\cdots\cdots\cdots (2)$$

什么是"合理部分",可以说,有效部分就是合理部分。因此,公式(2)可换写成:

$$R = \frac{Fr^B + Fr^I + Fr^P + Fr^A}{F} \cdots\cdots (2.1)$$

其中: Fr^A ——行政经费中的合理部分

$\quad\quad Fr^I$ ——设备经费中的合理部分

$\quad\quad Fr^P$ ——业务经费中的合理部分

$\quad\quad Fr^A$ ——行政经费中的合理部分

不言而喻,我们希望 R 越大越好,它不会等于1,更不会大于1,但我们应努力使它接近1。

不但各种经费有合理分配问题,就是一种经费中也有个合理分配问题。例如图书经费中就有书、刊、资料它们各占多少? 在书当中,又有中文、外文书,它们各占多少? 在中文书中又有社科书

---

* 公式中的字母均取英文之义,例如 E 代表有效率,F 代表经费总额,而 Fe 则表示经费中的有效部分。下同。

与科技书、工具书等,它们又各占多少? 等等。

2. 购入书刊、设备的适用率

经费分配合理,R 值就高,但用按比例分配到的经费购入的书刊或设备是否全部适用? 这就有个"适用率"问题,它是购入书刊和设备中的适用部分所花经费与当年分得经费总额之比,写成公式,就是:

$$S = \frac{Fs}{F} \quad \cdots\cdots\cdots\cdots\cdots\cdots (3)$$

还可把公式(3)分解成:

$$F = \frac{Fs^B + Fs^I}{F} \quad \cdots\cdots\cdots\cdots\cdots\cdots (3.1)$$

其中:Fs^B——购入书刊中适用部分所花费用

Fs^I——购入设备中适用部分所花费用

不言而喻,我们希望 S 越大越好。

3. 书刊耗损率和设备折旧率

书刊在流通中不可避免地要消耗损失(包括丢失),而这些书刊的适用率就要大大降低甚至完全丧失。同样地,设备在使用中也必然有耗损,即花费一定的"运行费用",耗损了的设备的适用率势必降低,而完全报废了的设备的适用率就等于 0。这就出现了折旧率。所谓书刊耗损率和设备折旧率就是一年耗损的书刊、设备的金额与购入所花费用之比,写成公式,就是:

$$W = \frac{Mw}{M} \quad \cdots\cdots\cdots\cdots\cdots\cdots (4)$$

公式(4)又可换成:

$$W = \frac{Mw^B + Mw^I}{M} \quad \cdots\cdots\cdots\cdots\cdots\cdots (4.1)$$

不言而喻,我们希望 W 越小越好,最好接近 0。

4. 书刊设备的共效率

书刊设备的成效或失效在一定意义上是相对的,有的书刊设备耗损了可以修复,也可以转让和降价处理,这样对处理馆和购入馆双方都合算。另外,设备在一馆"吃不饱",可以出租或代为服务,当然收取一定的费用。这对出租馆和租入馆都有好处。这就是所谓的"共效率"问题,它是指一年中书刊处理费和设备出租费之和与图书、设备购入费用之比,写成公式,就是:

$$C = \frac{Ty^B + Hy^I}{Fy} \quad \cdots\cdots\cdots\cdots\cdots\cdots (5)$$

对于另一方,其共效率就是:

$$C' = \frac{Sy^B + Sy^I}{FY^B + Fy^I} \quad \cdots\cdots\cdots\cdots\cdots (5.1)$$

又因 $Sy^B = Fy^B - Ty^B$,$Sy^I = Fy^I - Hy^I$

$$\therefore C' = \frac{(Fy^B - Ty^B) + (Fy^I - Hy^I)}{Fy^B + Fy^I} \cdots\cdots (5.2)$$

其中:

Fy^b —— 一年当中,若按全价购进"处理书刊"费用

Ty^B —— 一年当中购进"处理书刊"所花费用

Fy^I —— 一年当中,若添购设备应花费用

Hy^I —— 一年当中租用设备所花费用

不言而喻,我们希望共效率 C 或 C′越大越好。

思考题

1. 如何科学地管理经费,使它发挥最大效能?
2. 怎样提高经费使用的有效率?

本章参考文献

1. 办好高等学校图书馆的浅见/黄宗忠著//武汉大学学报(人文科学版).—1963(4)
2. 图书馆的科学管理 第四章/张德芳著.—油印本.—1980
3. 对理工科高校馆藏的建设与经费问题的粗浅看法/张龙章著//东北地区图书馆学科学讨论会论文.—1981
4. 给图书馆经费拨款的依据是什么/陈伯元著//图书馆研究与工作.—1982(1)
5. 经费少怎样搞好藏书建设/项弋平著//图书馆研究与工作.—1982(1)
6. 试谈图书馆经费管理中的"有效率"问题/于鸣镝著//湖北高校图书馆.—1982(2)
7. 略论图书馆事业的计量管理/刘炳延著//四川图书馆学报.—1982(3)

第十四章　图书馆统计

第一节　图书馆统计的意义

统计工作,是整个图书馆各项工作的一个重要的反馈系统,它是用数字来反映图书馆工作的实际情况,以便对图书馆实行计量化管理或称"数据管理"。因此,图书馆统计工作是图书馆的重要管理制度和管理方法之一。

对于统计工作在各项工作中的积极作用,列宁曾经作过正确的概括,他认为,统计是"社会认识的最有力武器之一","正确地进行工作所必需的主要条件"。这一马克思主义观点,对于图书馆的统计工作也是完全适用的。具体说来,通过统计,就能获得真实的数据,对图书馆的科学管理发挥重要作用。

一、给业务工作的开展提供可靠的基础;

二、发现问题并找出产生问题的原因,以便采取适当的措施加以解决;

三、透过现象抓住事物的本质以便从中找出规律性的东西,用以指导工作;

四、帮助我们分析读者阅读倾向,指导阅读,发现人才,重点培养;

五、进行科学管理和预测,就能在为四化的服务中发挥"耳目"和"尖兵"的作用;

六、制定出精确的工作计划,有利于对工作进行科学的检查与总结,以便不断地改进工作;

七、从对比中抓住主要矛盾,解决关键性问题;

八、帮助我们进行有组织的计数思考,即把与图书馆管理有关的诸多因素进行计量分析;

九、帮助我们进行经济效益的研究或者为这种研究提供数据。

应当指出,统计的作用尽管很大,但统计本身不是目的,而是一种方法,一种手段,它贯穿于图书馆工作的全过程和一切方面,从而是科学管理过程中不可缺少的重要环节。在进行实际统计时,最好进行各种统计即全面统计,并能根据资料进行分析研究,用以指导工作。为此,应配备专人,依据成文的统计制度,按照一定的统计方法,认真做好这项工作。

第二节　图书馆统计的内容

统计在图书馆工作中得到了广泛的应用,可以说,没有一项工作能离开统计,也没有一项工作是不可统计的。这就是说,统计的内容是非常多的。但是,作为图书馆工作的主要统计,不外以下六种:

一、藏书统计

比较完善的藏书统计必须反映出图书馆的入藏数量(主要是藏书的种数和册数)、入藏时间、购书费用、图书文别、图书来源(购置、交换、赠阅、调拨)等情况。其统计的种类有:

1. 综合统计;

2. 分类统计(不仅表现藏书的量,而且反映藏书的质,所以作用更大):①按学科分别统计,②按出版物类型分别统计;

3. 综合统计与分类统计二者兼有；

4. 藏书数量变动统计；

5. 藏书质量的指标统计。

二、读者统计

读者统计的基本任务是统计读者的数量、读者的构成（职业、性别、年龄、文化程度、民族以及国籍等），其统计的种类有：

1. 综合统计；

2. 分类统计；

3. 动态统计。

三、借阅统计

借阅统计的目的在于掌握藏书的流通情况，动态地反映出馆藏的使用情况，从而衡量图书馆的服务能力和服务质量。其统计的种类有：

1. 按流通书刊的类型统计；

2. 按流通书刊的内容统计；

3. 按书刊流通的方式统计。

统计的容包括：

1. 书刊的数量；

2. 读者的数量；

3. 借阅书刊的内容、种类和数量；

4. 书刊借阅变动统计。

除了以上三种基本统计以外，作为它的补充，还要做一些辅助性统计，如下：

四、辅助统计

1. 藏书统计中的辅助统计：①采购统计，②分类编目统计；

228

2.借阅统计中的辅助统计(包括书刊使用寿命统计、拒借率统计、咨询统计等)。

五、工作人员的统计

对工作人员进行统计的目的是为了合理地配备人员,提高工作效率和工作质量。

1.按部门统计;

2.按年龄统计;

3.按性别统计;

4.按文化程度统计;

5.按职称统计,等等。

六、财务统计

财务统计的根本宗旨在于监督经费的合理使用,以便使它发挥最大的效能。财务统计的任务是研究经费的收支情况,各项计划完成和经费使用情况,节约的经验和浪费的原因,以便改进工作。

此外,还可以进行图书馆用品统计等。

第三节 图书馆统计的方法

一、收集和积累原始资料

所谓"原始资料",是指那些工作中的原始记录。把这些记载着业务活动真实情况的原始资料完整地收集起来,长期积累。积累多了,然后进行准确、全面、系统地整理工作,这是统计工作的第一步。有了这些全面系统而又准确的数据资料,统计就有了可靠的基础,就有科学价值。

二、填写统计表格

在收集和积累了原始资料以后,就要按统计表格上的项目要求认真地把数据填写上去。这种填写表格的过程就是对原始资料进行整理和加工即综合与分析的过程。在汇总的时候,还要逐项进行查对、核实,以求数据绝对准确、真实可靠。否则,出现疏漏或错误时,就失去统计的意义了。

三、确定统计的单位

统计就是计量,计量就得有个计量单位,没有计量单位就无法进行计量,也就无法统计。事物的性质不同,因此,它们的计量单位也不相同。确定计量单位要涉及到标准化问题,此处不展开讨论。

四、统计调查法

1. 全面调查
2. 非全面调查

（1）重点调查

（2）抽样调查，即从总体中抽出一部分进行调查的方法，它又可分为三类：

①分类抽样调查，即把总体按一定的标志进行分组，然后用等距离抽样法进行调查。

②纯随机抽样调查，即不进行任何分类和排队，进行完全地随机抽样调查。

③典型调查，即在同类事物中选出具有代表性的部分进行调查。

第四节　统计分析和几种比率的计算

一、统计分析

所谓"统计分析"，就是根据一定的要求对统计的数字进行比较、分析和综合研究，从而掌握图书馆各种统计的比率。通过统计分析，可以掌握图书馆的藏书利用率、书刊流通率、藏书保证率、读者到馆率、读者阅读率以及图书馆拒借率等等各种比率。这些比率反映了图书馆工作的实际状况、业务水平和服务效果。通过这些数据，从中可以研究和制定有效的措施，以提高流通率，降低拒借率，加强管理，提高工作质量。这正是统计的目的所在。

统计分析可分三个步骤：

1. 确定分析的目的

要做统计分析，首先就必须明确这种分析的目的性，明确所要解决的主要问题。目的明确以后，就可以拟定出统计分析的题目、内容、范围和重点，最后提出统计分析的意见和改进工作的方法。

2. 收集和审查统计资料

分析是建立在充足而准确的资料之上的，没有大量的、真实和典型的客观材料，要做统计分析是根本不可能的。

3. 形成分析结果

通过具体分析能发现问题，然后针对存在的问题提出解决问题的办法，同时拟定出具体措施，形成报告，绘成图表，把分析成果巩固下来。

一般来说，图书馆工作的统计分析方法有分类统计法和对比分析法两种。

1. 分类统计分析法

经过统计的第一步获得大量的原始资料以后，就要根据统计的目的和要求，把这些资料按着一定的标准加以分类，然后在各类之间进行分析、比较。这种分析法能够准确地抓住各种现象的特点及其相互关系，掌握它们之间的内在联系。

2. 对比统计分析法

用两个或两个以上的、相互联系着的标准数值进行分析、比较。我们在研究不同地区或不同时期内图书馆的工作情况时就要运用这种对比分析法。在进行实际对比的时候，还可以使用：

①绝对数比较法。此法较简单。

②相对数比较法。用百分比或倍数进行比较分析的方法，其中又可分为"计划相对数比较法"、"结构相对数比较法"、"比较相对数比较法"、"强度相对数比较法"等。

③平均数比较法。

3. 动态分析法

人们为了研究某一事物的发展变化以及这种变化的趋势和速度就运用此种方法。

二、几种比率的计算

1. 藏书利用率

藏书利用率是指馆藏中读者借阅到的书刊数占流通库藏书总数的百分比,其计算方法是用一定时间内读者借阅到的书刊总册数除以流通库藏书总册数,写成式子就是:

$$藏书利用率 = \frac{读者借阅过的书刊总册数}{流通库藏书总册数} \times 100\%$$

必须强调指出,不能用"馆藏总册数"作分母,因为这样不能确切地反映出藏书的使用情况。这是因为,在"馆藏总册数"中包含了数量相当可观的长期处于呆滞状态的陈旧书刊数,大型图书馆的情况更是如此。所以藏书利用率应该是流通库中读者借阅书刊总册数与该库总册数之比。

还应该指出,这种算法只能从"册数"的角度反映馆藏的利用情况,但是它却反映不出馆藏中有多少"种"书根本没有借阅过而处于呆滞状态。因此,应该从种数角度计算藏书利用率:

$$藏书利用率 = \frac{借阅图书种数}{馆藏图书种数} \times 100\%$$

这个公式就可以反映出全馆有多少种藏书未曾进入流通,不曾被读者利用。这实际上是对图书采购工作的一种"反馈",也是对读者的一种检验。当然,这里的种数可以是流通库中的,也可以是全部馆藏的,分别反映不同情况。

2. 藏书呆滞率

藏书呆滞率是指那些未被利用的藏书与藏书总数之比,写成公式,就是:

$$藏书呆滞率 = \frac{呆滞图书册数(或种数)}{馆藏图书册数(或种数)} \times 100\%$$

3. 书刊流通率

书刊流通率是指用于公开流通借阅的书库和阅览室里的藏书

数量对读者借阅数量所占的百分比,其计算方法是用某库或某室在一定时间里读者借阅的总册数除以该库或该室的藏书总册数,写成式子就是:

$$书刊流通率 = \frac{某库或某室一定时间里读者借阅总册数}{某库或某室的藏书总册数} \times 100\%$$

4. 读者到馆率

读者到馆率是指平均一读者全年到馆的次数,其计算方法是全年到馆的读者总人数除以读者的实际人数,写成式子就是:

$$读者到馆率 = \frac{全年(或单位时间内)读者到馆的人次}{读者的实际人数} \times 100\%$$

5. 读者阅读率

读者阅读率是指平均每个读者所借到的书刊数量,其计算方法是用全年书刊资料借阅的总册数除以实际借阅的读者人数,写成式子就是:

$$读者借阅率 = \frac{全年(或单位时间内)书刊借阅总册数}{实际借阅的读者人数} \times 100\%$$

6. 书刊拒借率

拒借率是指读者在图书馆未借到的书刊数量占读者所要借阅的书刊数的百分比,其计算方法是将一定的时间之内(例如一周、一月、一季或一年等等)读者未借到的书刊的总册数除以读者所要借书刊数,写成式子是:

$$拒借率 = \frac{读者未借到的书刊的总册数}{读者所要借的书刊的总册数} \times 100\%$$

7. 图书保障率

图书保障率是指图书馆在一定时期里的馆藏总数同该馆读者

人数之比,其计算方法是用馆藏总册数除以读者总人数,写成式子就是:

$$图书保障率 = \frac{馆藏总册数}{读者总人数} \times 100\%$$

在各种比率中,最根本的、对图书馆工作起着重要作用的是图书流通率,与它相反的就是拒借率。因此,我们就要千方百计地提高流通率,降低拒借率,充分发挥藏书的能动作用。

第五节　经济效果的统计

从广义的角度看,人类的一切活动都有一个效果问题,它们都程度不同地与社会经济发生千丝万缕的联系,因此,它们也都有一个经济效果问题。

图书馆工作是一种与整个社会发生着广泛联系的活动,它在为社会创造精神文明和物质文明的服务中发挥着巨大的作用——这就是它的服务效果问题,而在这种服务效果当中还有个经济效果问题。

一、什么是图书馆工作的经济效果

于光远同志说:经济效果是"对人们为达到某一目的而进行的实践活动所作的关于劳动占用或劳动消耗的节约程度的评价。"*如果这话不错,那么,图书馆工作的经济效果就是图书馆所获得的使用价值对在图书馆工作中所消耗的全部劳动的比例关系,用公式表示,就是:

---

　　* 社会主义经济效果学导论/于光远著//论经济效果.—北京:中国社会科学出版社,1981.12

$$图书馆工作的经济效果 = \frac{使用价值}{活劳动 + 物化劳动}$$

其中：

"使用价值"是指经过加工后的图书、情报的产品量，也包括读者使用书刊以后所增加的产值。

"活劳动"是指图书馆工作者的活劳动。

"物化劳动"则是指图书资料经费、馆舍设备以及原材料的劳动占用。

如此看来，图书馆工作的经济效果不是可以算出来了吗？——问题没这么简单。

图书馆工作同物质生产活动是有区别的，因此，二者的经济效果是不相同的，在图书馆工作的经济效果当中，对于那些有形的、直观的、可数的部分，我们可以把它们估算出来，例如我们在第四节里提到的各种比率的计算就是如此。但是，对于那些无形的、抽象的、不可数的部分则是无法进行具体地计算，至少在目前是如此。这是因为其中有许许多多的因素是不确定的，而且又没有一个计量单位，没有衡量标准，所以至今无法计算，尽管有了上述一个不错的公式。

现在，仅就影响流通效果诸因素中藏书数量一项作一个初步的分析。

图书的入藏量是可以计算的，藏书的加工量、借阅量、报导量、咨询量以及情报量等也都可以统计出来。但是有许多个量是无法统计的，也是无法计算的，例如"藏书的失效量"就不好计算。

怎样算作"失效"？原则上好说，但是一涉及到具体的书刊就不好确定了——是部分失效还是完全失效（如果说是部分失效，那么是三分之一、四分之一还是 X 分之一）？是一时失效还是永久失效（如果说是一时失效，那末是一月、一年还是 X 年）？是对一些人失效还是对所有的人都失效（如果说是对一些人失效，那

236

末是三个人、五十人还是 X 人)？所有这些,可以说,根本无法进行计算。因此,要准确地、从本质上算出藏书的数量是相当困难的,在目前是不可能的。我们平时说的"藏书量"是从纯粹数字的意义上说的,而经济效果问题则要求透过这些数字抓住它们在经济上的效益。可惜的是,到目前为止,还没有人找到计算它的办法。

至于说到藏书总数中为读者借阅过的那些藏书的使用效果就更不好计算了。纯藏书流通量,我们可以很容易地统计出来,计算出来。但是,这些流通到读者手中的书刊起了多大作用？读者读后其知识量增加了多少？水平提高了多少？有什么具体成果？(例如写了什么论文？有什么发明、创造？这些论文、发明和创造的价值又是多大?)读者看了一本书其思想觉悟提高了,那么这种觉悟高多少？怎样衡量？怎样计算？图书流通以后肯定会有一定的社会效果,那么这种社会效果多大？可以说,根本计算不出来。何况,有的书刊,此时对读者有作用,彼时则不起什么作用;它对读者甲有帮助,而对读者乙则毫无用处甚至有害;对读者丙有这种作用,而对读者丁则有那种作用;有时其作用是"直截了当",有时其作用是"潜移默化"……。

至于借阅期限、册限、读者人数等对流通率的影响也呈现出极其复杂的情形。例如,借期过长,就要影响一本书的作用人数,从而使它的效用限制在部分人的范围之内;借阅册数过多,因为一个人不能同时阅读多种书,因而使许多书失去它为其它读者所用的机会至少是使这些机会大为减少……所有这些,都直接影响藏书的流通率。

理想的效果是让一本书时时都处在被阅读(一个读者读完后就能尽快转到第二个需要它的读者手里)的状态之中,当然这也很难实现。但我们可以向加大藏书作用的方面努力。

既然是统计,就不一定太精确。于光远同志在《社会主义经济效果学导论》一文中写道:"计量问题的科学性,不完全等同于精确性。因为量的本身可以有精确的与粗略的、甚至模糊的区别。科学性要求不要把本来是精确的量说成是粗略的、模糊的,或者把本来是粗略的、模糊的说成是精确的……经济效果的理论概念在量的规定性上是很精确的,但是关于经济效果的计算能够精确到什么程度,需要精确到什么程度,那是要看具体的情况。但是不论精确到什么程度,计算也必须是科学的。"

值得提出的是,苏联的 O. H. 伏维列涅认为,"经济效益可以根据研究人员由于摆脱检索、搜集和情报的分析——综合加工而节省的时间来计算。"而苏联的另一名学者 A. H. 帕洛温契柯等人则进一步认为,"只能从节省时间的观点来探讨情报活动的效果。"并由此得出计算图书情报保证系统的效果系数公式:

$$K_3 = \frac{Эt \times 100}{T} *$$

其中:Эt 是节省的时间;

　　　T 是本年度用于研究设计的工作日。

成都科技大学的黄光溥同志也提出一个公式:

$$使用效果 = \frac{某类或某种书的借阅总次数}{某类或某种藏书总册数 \times n \ 年(月)}$$

二、提高图书馆工作的经济效果

虽然我们目前还没有一种计算图书馆工作经济效果的科学方法,但是我们可以找出影响这种经济效果发挥的诸因素并采取一些积极的有效措施,以便使这些因素对经济效果起促进和加大的作用;虽然我们还没法把这种作用计算出来,但是我们毕竟可以使

＊　公式中的字母 э 系俄文。

这种作用增大。

第一，合理使用经费。

要从经济效果方面考虑和确定图书馆总经费中各种费用，如图书经费、设备经费、行政经费以及业务活动经费等等的适当比例，各种经费里各个单项经费（例如采购经费之中的图书经费——中文图书经费和外文图书经费，而在外文图书经费里有原版图书经费和影印图书经费等等；报刊经费——中文报刊经费和外文报刊经费，而在外文报刊经费里又有原版报刊和影印报刊经费等等）之间的适当比例。

第二，提高技术和设备的经济效果。

要从经济效果出发来研究采用什么技术和设备能够获得更大的效果，例如分编工作合起来的工效高，还是分开做的功效高？图书和报刊的采购合并好，还是各自独立效果好？再比如，根据工作需要，添购什么设备能提高工作效率？怎样使现有的设备发挥最大的作用？要研究，要大挖潜力。

大家知道，设备属于"物化劳动"。设备的先进程度、完好状态、数量多少等等，都直接影响工作效率。换言之，要提高图书馆工作效率，就必须减少各种设备、各种原材料及辅助材料消耗，减少昂贵的设备的购置或者尽量延长各种设备的使用寿命，避免设备在库房闲置或使用的不合理。

第三，充分利用现有资源。

充分地利用现有资源，最大限度地发挥现有各种资源的作用，是图书馆科学管理中的经济管理原则，尤其是我国现阶段图书馆科学管理诸原则中的现实性原则。

作为一种资源，图书馆有它自己的内容。首先，就图书馆事业来说，毫无疑问，它是国家的极可宝贵的资源。实际上，全世界许多国家都把图书馆事业作为一种资源进行开发和利用的，使它成为"无形的财富"。我国图书馆事业对国民经济的发展起了重要的促进作用,同时在建设社会主义的精神文明方面也有着积极作用。大量事实证明这一点。因此,为要提高图书馆工作的经济效果,就必须努力发展图书馆事业,加强对图书馆事业的领导和科学管理。整个图书馆事业发展了,它的社会效果就大了。其次,就图书馆个体而言,它也是一种宝贵的资源,而这种资源并不限于藏书,而且还包括建筑、设备等;而在图书馆的各种资源中,占首要地位的是图书馆的人力资源即图书馆工作人员。

图书馆的人力资源包括两个方面:劳力资源和智力资源。劳力资源是指人员的数量方面,而智力资源则指人员的知识水平,业务能力即人员的质量方面。

藏书资源的作用无需赘言。图书是图书馆开展工作的基础和决定性前提,重要的问题在于充分发挥它们的积极作用。列宁早就指出过:"我们应当使得我们现有的每一本书都能找到需要它的读者",*找到它的"用武之地"。为了很好地发掘现有藏书潜力,图书馆必须努力加强书目情报工作,编制主题目录,开展情报检索、报导和定题、跟踪服务工作。

1.图书馆工作的经济效果主要是通过充分发挥书刊资料的作用来实现的。因此,藏书与经济效果的关系极为密切。一般来说,藏书的数量越多,图书的保障率越高,图书的流通率也就越高,而图书的拒借率就势必降低,结果是书刊资料在读者手里的作用也就越大。当然,特殊来说,历史久远的图书馆中的藏书数量多,但其流通率并不很高甚至很低。这里就采购新书而言。

由此可见,为要提高图书馆工作的经济效果,就必须不断增加书刊资料的入藏量。

2.图书在读者手中起不起作用,起什么作用和起多大作用,主要地取决于书刊资料是否符合读者的实际需要,是否适合读者的

---

* 列宁全集 第3卷/(苏)列宁著.—北京:人民出版社,1957

实际水平。一般来说,凡是读者所需要的书刊资料其效果就好,反之,读者不需要的书刊资料就成了呆滞书(在这种情况下它也就是一种失效书),其效果就差或者它根本就无效果可言。简言之,藏书效果的大小与读者需要的程度成正比。还有一些书刊因质量不佳,例如内容不新甚至有问题或者完全不对口的书刊资料如果进入流通往往起副作用。

由此可见,为要提高图书馆工作的经济效果,就必须不断地提高藏书的质量,即提高图书采购经费的有效系数,杜绝采购的盲目性。

第四,提高工效,节约人力,合理运筹时间。

1. 工作效率是产品与工作时间及工作人数之比。众所周知,产品数量相等,用人越少、用时越少,其工作效率就越高;或者用人用时都相同,产品越多工作效率就越高。反之,工效就越低。

由此可见,为要提高图书馆工作的经济效果,就必须尽量使用较少的人力,花费较少的时间,获取较多的成果——这也可以称之为经济效果问题上的节约原则——节约经费、节约人力、节约时间。

应该看到,工作人员的工作效率高低是由工作人员的各种素养决定的,因此,为了减少工作人员的数量或者叫"节约人力",为了花费较少的工作时间或者叫"节约时间",换言之,用最少的人力和最少的工时干最多的工作,就必须充分调动图书馆工作人员的主观能动性、积极性和创造性,提高他们的科学文化水平,提高他们的劳动有效性和熟练程度,一句话,提高他们工作的数量和质量。

2. 既然工作效果与工作时间成反比,那么,为要提高图书馆工作的效率从而最后提高图书馆工作的经济效果,就必须合理地组织劳动,科学地协调图书馆各部门、各环节的工作,充分利用劳动工时,缩短和消灭无效劳动(例如重复、窝工、中断等)时间。

第五,采取经济手段。

实践证明,图书馆要实行经济管理原则,就应该采取必要的经济手段。现在,有不少图书馆试行一些经济手段,常见的有:

1. 押金发证

近年来,一些公共图书馆在发放借书证时试行了收取适量押金的办法。据反映,实行这种办法以后,大大减少了书刊资料的丢失,不仅保护了国家财产,而且提高了藏书的流通率和利用率。收取少量的、象征性的押金对读者来说并不加重他们的经济负担。

2. 过期罚款

读者借书规定一定的期限是完全必要的,也是合乎情理的,这是保证大多数读者的借阅需要、充分发挥一书一刊作用的一种方法。但以往普遍存在着借书长期不还的严重现象,尤其是高等学校的教师读者,借书长达几年不还,这就大大降低了图书的流通率、利用率和周转率,对发挥书刊的作用是个很大的障碍。自从一些馆实行"过期罚款"办法以后,情况大有改观,问题基本得到解决。

3. 服务收费

国内外都有人主张,对于那些需要花费相当精力和时间,提供大量系统的书刊资料的服务(一般外单位读者)应视费工费时程度向用户收取适当数量的服务费用,并认为这种办法是合理的,对图书馆和读者都有好处。他们归纳了这种收费有十大好处:提高服务质量;提高馆员业务能力;调动馆员的积极性;能使馆员集中精力保证服务质量;增强馆员科技队伍的实力;补充图书情报经费之不足;使用户(读者)避免盲目性;促进制约性社会性大协作;有利于多出成果,快出成果;促进图书情报事业和科学技术的发展。

对这个问题,图书馆界尚有争论,争论的焦点是社会主义图书馆应当不应当收费。从实践上看,因为收费,所以用户(读者)就要慎重提出要求(克服选题上、选才上的盲目性),图书情报工作

242

人员就要认真负责,保证服务的及时性、准确性。所以客观效果是好的。但是不能把这笔费用主要用来"抽成作奖",而主要应该用于图书馆事业上。这是一个原则。

第六,按经济规律办事。

这是最根本的经济管理手段。建国以来的实践证明,要发展图书馆事业,就必须使它同国民经济的发展相适应——既不能脱离经济基础,超越客观条件,主观追求快速发展,也不能只抓经济建设,忽视图书馆事业的建设,不能让图书馆事业长期落后于国民经济的发展水平,不能让它拖经济建设的后腿,而应该努力为之服务。

第七,进行广泛的馆际协作,改变目前各自为政的分散状态。

1. 藏书建设方面的协作。各馆都要首先集中精力把自己的藏书建设好,重点收藏好本馆读者的基本用书。不常用的或少数读者偶尔一用的书主要通过馆际互借解决之。

2. 分编工作的协作。统一分类法和编目条例,以便为在全国范围内最后实现"统一分类"和"集中编目"、"在版编目"打下基础。这不仅可以节约大量的人力、物力和财力,而且能保证分编工作的准确性、一致性和迅速性,从而提高其速度和质量。

3. 目录工作的协作。编制联合目录,促进"一馆藏书多馆用",实现"资源共享",因有联合报导目录揭示各馆藏书情况,所以联合目录能节约许多时间。同时又能互相交流经验,取长补短,改进工作。

4. 流通借阅方面的协作。发放"通用借书证",方便读者,扩大书刊流通范围,提高图书流通率。

5. 业务活动方面的协作。召开经验交流会、报告会以及发展干部在职教育,提高馆员的素质和业务能力。

第八,开展社会主义劳动竞赛,实行评优奖励办法。

这是调动工作人员积极性,提高劳动生产率,保质保量完成工作任务行之有效的办法,是"精神变物质",贯彻"按劳取酬"的社会主义分配原则的有效措施。

毫无疑问,采取以上八个方面的措施,图书馆事业就能兴旺发达,图书馆工作就会有成绩,它的社会效益就高。

思考题

统计对图书馆工作有何意义? 应进行哪些统计?

本章参考文献

1. 整顿和健全规章制度,提高管理水平/管—丁著//图书馆.—1963(1)

2. 试论图书馆的统计工作/丁道谦著//图书馆.—1964(2)

3. 谈谈研究图书馆的规章制度/中国科学院图书馆研究辅导组编著//图书馆工作参考资料.—1964(5)

4. 图书馆统计学的理论与实践/丁道谦著//四川图书馆学丛书之一.—1980

5. 文献工作经济效果问题/辛希孟著//情报科学.—1980(1)

6. 图书馆统计学初探/李景春,马荣升著//东北地区图书馆学科学讨论会论文.—1981

7. 图书馆学基础 第九章/北京大学,武汉大学编著.—北京:商务印书馆,1981

8. 高等院校图书馆要重视图书流通中的统计分析工作/芦德勤著//东北地区图书馆学科学讨论会论文.—1981

9. 也谈图书馆工作的效果和经济效果/刘新华著//中国图书馆学会学术委员会科学管理讨论会论文集.—油印本,1981

10. 论期刊管理的经济效果问题/江乃武著//东北地区图书馆学科学讨

论会论文. —1981

11. 论收费——谈谈科技情报服务的经费管理问题/王振东著//东北地区图书馆学科学讨论会论文. —1981

12. 图书流通量的理论计算与实现确定的探讨/冯泽泗著//四川图书馆学报. —1981(1)

13. 关于图书馆的经济效果问题/丁仍明著//四川图书馆学报. —1981(3)

14. 统计分析——图书馆科学管理的重要方法/邓明秀著//福建省图书馆学会通讯. —1981(3)

15. 试论图书馆科学管理的经济原则/郭星寿著//武汉大学学报(社会科学版). —1981(3)

16. 关于图书馆的经济效果问题——浅探如何衡量与提高(详细提纲)/杜重傍著//四川图书馆学报. —1981(3)

17. 图书馆统计的反馈作用/邓广宇著//图书馆学刊. —1981(3)

18. 对图书馆经济效果问题的探讨/柳眉著//高校图书馆工作. —1981(4)

19. 简谈图书馆统计工作存在的问题及其在图书馆科学管理中的应用/阎家涛著//图书与情报. —1982(1)

第十五章　图书馆的标准化管理和现代化管理

标准化是现代化生产的一项十分重要的基础工作,是科学管理的重要组成部分。图书馆标准化则是对图书馆实行科学管理,实现图书馆现代化的必要条件。正如《中华人民共和国标准化管理条例》所明文规定的那样:"标准化是组织现代化生产的重要手段,是科学管理的重要组成部分。在社会主义建设中推行标准化,是国家的一项重要经济政策。没有标准化,就没有专业化,没有高质量就没有高速度。"我国图书馆事业发展情况证明,没有图书馆工作的标准化,也就不会有图书馆的现代化,就没有图书馆工作的高质量和高速度。

所谓"图书馆工作标准化"就是对图书馆事业的发展和图书馆业务工作的技术方法以及设备等实行统一的原则和规范。

第一节　图书馆标准化管理的原则

图书馆工作标准化,这是图书馆科学管理的要求,是图书馆事业发展的必然产物,也是图书馆走向现代化、网络化和计算机化的必由之路。

图书馆工作的标准化同其它工作的标准化一样,客观地存在于一切业务活动的全过程。图书馆里的各项工作有它自己的规律、特定的内容、独特的方法和基本要求。因此，要做好图书馆工作，要实行管理科学化，就必须遵循这些规律。这些必须遵循的东西就是图书工作标准化的科学依据。例如，图书馆的图书采购工作有自己的一套原则和工作方法，图书流通、图书阅览、业务辅导和参考咨询等等都有自己的一套原则和工作方法，离开了这些，各项工作就一定做不好。因此我们可以说，图书馆的标准化管理在一定意义上就是按照图书馆工作的这些固有规律进行的管理。

图书馆工作标准化应该坚持哪些基本原则呢？

一、科学性原则

标准是依据、是准绳。为什么？因为它必须符合事物的内在联系，即客观规律性，因而标准本身才具有科学性。我们不能用不科学的东西当做标准。不科学的东西就不能统一大家的思想，就不能指导大家的行动。

二、先进性原则

标准如果没有自身的合理性和先进性就不具备其权威性。我们不能用后进的甚至是相当落后的东西当作标准。落后的东西对我们的工作起不到促进作用。没有先进的"标准"就没有权威性，而没有权威性的标准就没有普遍性，人们就不愿意接受，就不愿意实行，结果必然丧失群众基础，而丧失群众基础的东西，终将失去存在的"理由"——这样的"标准"就没有什么现实性和实用性。

三、统一性原则

图书馆工作标准化本身就是意味着用这个标准来"统一"图书馆工作，有了"统一"才能发挥大系统的作用，提高系统的功能。没有统一，标准化"化"不起来，就没有普遍意义。当然，这里的

"统一"并不是一成不变。标准和一切事物一样都在不断地发展、变化。新生的、合理的、科学的、先进的标准就应该也一定能取代老化了的、因而不够合理、不太科学、又较落后的标准,从而在新的水平上统一和规范大家的行动。

四、协调性原则

要实行标准化管理,就要遵照统一的标准来统一各馆的行动,这里就有个协调问题。一个馆中的各个部门之间要协调,馆与馆之间、系统与系统之间、地区与地区之间以至国家与国家之间都会发生协调问题。

五、继承性原则

同任何事物一样,标准及标准化问题也在不断地发展着。这种发展总是表现为相对的稳定性或继承性。新标准是对旧标准的扬弃,即要保留原标准的合理部分和有效内容,而对于已经落后、已不适用、已经失效的部分则要去掉。对于国外的标准也应该持这种态度。

第二节 图书馆标准化管理的意义

图书馆标准化是实现图书馆自身现代化的重要手段,是图书馆科学管理的必要条件。

图书馆要实现自身现代化,首先就必须实行工作上的规格化。没有规格化的管理就不可能有科学化。怎样实现规格化呢? 首先有个标准化,有了共同的标准化,才能有统一的规格,有了统一的规格,管理起来就科学。

图书馆要实现自身的现代化,还必须实行计量化。没有计量化,管理就失去了真实可靠的依据。但是,怎样实现计量化呢？要有个标准,没有标准就无法计算。

图书馆要实现自身的现代化,就必须实现机械化和自动化,而要实现机械化和自动化,没有标准化是不可想象的。

然而,我国图书馆的现状仍然是"小农经济",各家各户,分散经营,各行其是,各自为政,各馆都在追求"小而全"、"大而全"。不仅如此,几乎在各个方面都还没选定一个统一的标准。仅以分编工作为例,到目前为止,全国还没选定一部可通用的图书分类法,致使各馆自选一种,自分、自编、自制卡片……不但工作效率低,质量差,而且重复劳动现象相当严重,目录混乱无法统一,著录规则不相一致,这种状态不结束,怎么实现全国统一分类和集中编目？怎能建立起全国的情报检索网络？在这种情况下,即便有了计算机和自动化的成套设备,因为没有统一的标准和规格,这些现代化设备也是毫无用处,图书馆自身现代化也仍然是空话。总之,没有图书馆的标准化,即便有了现代化的技术设备也不能发挥其优越性;没有图书馆的标准化,即便组成了现代化的图书馆网,网内各馆之间的协作也将受到限制;没有图书馆的标准化,即使尽最大努力去实行科学管理,但这种管理的水平也一定不会很高。

第三节　图书馆标准化的内容

图书馆标准化的内容是极其广泛的,几乎涉及到各个方面,它内容丰富,种类繁多。

一、按其使用范围分

1. 国际标准,即经国际标准化组织通过的适用于国际间的标准。例如,1971 年国际图书馆协会联合会编目委员会在伦敦发表的《国际标准书目著录(ISBD)》(初稿)①,近年来又出版了《著录总则(ISBD)〔G〕》②、《专著的著录规则(ISBD)〔M〕》(修订本)③、《连续出版物著录规则(ISBD)〔S〕》④和《图谱资料著录规则(ISBD)〔CM〕》⑤等等,* 对著录格式都作了国际性的标准化规定,构成了目前世界上各国所能接受的统一著录规则,同时为编制统一的"国际机读目录"创造了条件。

2.区域性标准,即经过区域性标准化组织通过的适用于世界上某一地区的标准。例如本世纪二十年代和三十年代时,欧洲大陆各国图书馆基本上采用的是《普鲁士规则》,英国和美国等国家采用的是《英美编目条例》(AACR)⑥(现已出版第二版),对著录方法主要是著录目录的选择作了区域性的标准化规定,《国际标准书目著录规则》正是在它的基础上经过补充修订而成的。

3、国家标准,即经国家标准化组织通过、批准的,适用于某一国家的标准。例如,我国在六十年代制定的《中文图书提要卡片著录条例》和北京图书馆统编部 1979 年 6 月制定的《中文普通图书著录条例》(试用本),成了我国建国以来首先实施的图书馆工作标准文件。1983 年发布、1984 年实施的《文献著录总则》已作为正式的国家标准。另外,还有《普通图书著录规则》、《连续出版物著录规则》亦将作为"国标"公布。又如,1972 年美国国会图书馆开始试行"在版编目"对出版商们送来的新书校样,首先由该馆进行著录,然后将著录内容(包括著录标目、书名、附注事项、附加著录、标题、分类号、国际统一书号)寄回出版商,出版商将收到的

---

① 全文是:International Standard Bibliographic Description
② 全文是:International Standard Bibliographic Description(General)
③ 全文是:International Standard Bibliographic Description(Monographs)
④ 全文是:International Standard Bibliographic Description(Serials)
⑤ 全文是:International Standard Bibliographic Description(Chart Materials)
⑥ 全文是:Anglo – American cataloguing Rules

这些著录项目——印在书的版权页上,各馆可按照新书版权页上的著录事项直接编目。这是对编目工作标准化的一个新突破、新发展。值得高兴的是,我国的书目文献出版社自 1981 年以来,在其出版的图书的版权页上印有《中国图书馆图书分类法》的类号。这是个不小的进步。相信,我国图书馆工作标准化不是遥远的事情。

4、各馆标准,即仅适用于某馆的标准,它须由采用馆批准和通过。我国许多图书馆的细则大都属于这一类。随着图书馆事业的不断发展,这些各馆的标准必将为国家的标准所取代。到那时,我国图书馆工作的标准化就走上了正轨,最后与世界图书馆的标准化工作统一起来。

二、按其内容分

1. 基础标准,即关于术语、符号、标志和定义等的标准。

①术语方面,例如图书分类法中的"部类"、"大类"、"上位类"、"下位类"、"同位类"、"宜入"、"参见"以及图书著录方面的"款目"、"标目"、"参照"、"分析"等等;

②符号方面的,例如"索书号"、"分类号"、"书次号"、"著者号"、"种次号"、"登记号"等等;

③标志方面的,例如目录柜上和目录盒上的装饰标志等等;

④定义方面的,例如对各种目录所下的确切定义等等。

2. 方法标准,即关于各个工作环节操作过程中的条例、规则或规程方面的标准,例如各种条例、工作细则以及分类法、著者号码表等等。

3. 设备标准(包括图书馆建筑中的一些标准),即关于各种设备的形状、规格、尺寸、性能、质量等方面的标准,例如目录卡片、目录柜、目录盒、缩微平片以及显微阅读器、复印机、防尘防火设备、通风照明设备等都有规定。

三、按其性质分

1. 图书馆事业的发展标准,其内容包括:

①图书馆发展的比例,例如图书馆的数量与人口的比例,居民和读者所占藏书数量的比例,图书馆经费占国民经济收入或占平均人口收入的比例等;

②图书馆定员标准,包括藏书量与工作人员数量的比例或者读者人数与工作人员数量的比例等;

③读者与居民总数的比例;

④机构设置的标准等等。

在制定图书馆事业发展的标准时,应以我国现阶段的经济基础和物质条件为依据,不能不切实际地照搬外国。我国有自己的国情,外国有外国的国情,要注意它们之间存在着差别。不仅如此,就是在全国范围内,也应该考虑到各地区、各系统和各类型图书馆之间的差异性和发展的不平衡性。制定标准的第一步,应该允许存在这一定限度的非统一性,先分别制定出各省、市、自治区的发展标准以及城市和农村的发展标准,然后再制定全国统一的发展标准。

2. 图书馆业务技术标准,其内容包括:

①图书文献的入藏标准(关于各类书刊的入藏比例、中外文书刊的入藏比例、经费的分配比例以及复本量等的规定);

②馆藏登记标准(关于藏书的登录内容、方法和要求等方面的规定);

③图书著录标准(关于著录项目、格式等一系列规定);

④目录组织标准(关于目录的组织、编排和使用方法的规定);

⑤读者服务标准;

⑥馆藏注销标准。

四、按成熟程度分

1. 正式标准,即经有关部门正式批准、颁布并实行了的标准。

2. 试用标准,即处于试用阶段,尚未经有关部门正式批准的标准。经过试行和检验以后,可经有关部门正式批准、颁发而成为正式标准。

3. 推荐标准,即属于推荐性质,尚未完全成熟的标准。

4. 标准草案,即征求意见用的标准初稿。

第四节　我国文献工作标准化现状

一、全国文献工作标准化技术委员会

我国在 1979 年成立了在国家标准局领导下的"全国文献工作标准化技术委员会",并颁布了工作简则。该委员会的任务是情报、图书、档案等传统的和自动化实践中的标准化工作。根据工作需要,成立了八个分委员会,它们是:

①缩微工作分委员会;

②文字音译分委员会;

③专业术语分委员会;

④自动化分委员会;

⑤目录著录分委员会;

⑥词表、分类法和标引分委员会;

⑦出版物格式分委员会;

⑧设备、用品工作组。

八个委员会分别围绕各自的任务拟定规划,开展调研工作,积极制定有关技术标准。

二、制定标准的指导思想

要实现图书馆工作标准化,必须处理好以下四个方面的关系:

1. 传统工作方法与标准化的关系

长期以来,各馆都已形成了自己的一套习以为常的工作方法,有自己的著录条例,有自己的目录体系,有自己的管理方法等等,这些传统的各自一套的工作方法严重地妨碍了标准化的实现。因此,要实现标准化,首先就要解决这个难题。因为长期以来造成的分散状态不可能轻而易举就解决了,所以不能急于求成,一蹴而就,而要做大量的、艰巨细致的宣传教育工作和深入、认真的技术准备工作;要踏踏实实地进行调查研究,有计划、有步骤地试验、推广。只要把各种准备工作做好,认识就会统一,行动就会一致,标准化工作就能水到渠成。

2. 国家标准与国际标准的关系

图书馆工作与各行各业以至与国际上的图书馆界都发生着密切的联系,这就有一个统一问题。因此,我们制定图书馆工作的标准时必须同时参考国际上其它国家的有关标准。1979 年国家标准总局召开的国内标准化会议曾明确指出,对于国际性标准,能够采用者尽量采用。图书馆现代化的必然趋势和最终目标是全世界图书馆网络的建立以实现资源共享。因此,不与国际上的标准相呼应,就要阻碍图书馆现代化的进程。

3. 文献工作与其它领域的技术工作有着千丝万缕的联系。因此,我们在制定图书馆标准时必须参照和运用其它领域里现有成果,作为借鉴。这样,不仅省工、省力,而且有利于大范围里的统一。

4. 手工检索与自动化的关系

目前,我国图书馆工作的主要方式是手工操作,这和我们的目标——实现图书馆自身现代化是一个突出的矛盾。但是,我们不能从手工操作一步就跨入自动化,这已为国外图书馆自动化的实践所证明。从手工操作到自动化,其间需要一个过渡阶段,即首先实现手工操作的标准化,然后在这个基础上逐步扩大自动化成分,最后过渡到完全的自动化。

5.图书馆工作与情报、档案及出版系统的关系

图书馆工作与情报、出版、档案、新闻等单位都紧密相连,因此,图书馆工作的标准化单靠自己是不行的,必须同各有关部门共同努力、统一行动、协同作战。

第五节　图书馆的现代化管理

一、现代化管理的标志

不能把图书馆现代化仅仅理解为技术装备手段上的机械化和自动化,似乎电脑一进图书馆就完成了现代化。那么,图书馆的现代化管理有哪些主要标志呢?

1.管理思想现代化。这就是说,图书馆的管理班子应该是按照"革命化、年轻化、专业化和知识化"组建起来的强有力的指挥中心,它遵照现代化管理学理论和诸项管理原则对图书馆进行科学管理,积极引进和利用现代科学的理论和科学方法,要适应新的形势和新的需要,促使整个管理工作的科学化。

2.组织管理系统化、法制化和科学化。这就是说,采用现代化技术必须有高度的严密的科学管理工作与之相适应,互相配合。例如合理设置组织机构,有效安排工作程序,建立严格的规章制度,坚持行之有效的岗位责任制等等,这样,就有了统一的领导,有了分工协作,有了标准规范,章法严明,就能保证现代化设备充分发挥威力。

3. 管理人员专业化。这就是说,光有现代化设备还不行,还必须有用现代化知识、技能武装起来的人去操作、使用。工作人员的文化水平、专业化程度将直接关系到服务水平和服务质量。

4. 文献工作现代化。这就是说,现在的手工操作将为电脑所代替,由于采用先进设备,情报传递手段实现了现代化,主要包括:①电脑广泛应用。在采购、分编、流通、参考阅览等各种业务工作中都可以应用电脑。②缩微与复印技术的普遍应用。③视听资料的广泛使用。由于它的特殊优点,将在馆藏中占有相当比例,在流通文献资料中成为重要成分,发挥着独特的作用。④图书馆里的许多工作实现机械化和自动化。这里包括书刊的传递运输设备和信息的传递设备以及阅览室里的监视设备,都会采用先进技术设备。

5. 业务工作标准化(参见第3节)。

这五个方面是一个统一整体,不能分割,也不能对立。如果实现了以上五点,也就实现了图书馆科学管理的现代化。

二、现代化管理的意义

图书馆实现管理现代化是图书馆发展的必然结果和改变落后面貌的必由之路。

1. 实行现代化管理,就会极大地提高工作效率,加速书刊传递速度,适应现代化建设的需要。

2. 实行现代化管理,就会节约读者的大量时间,集中精力从事工作和研究,加快四化建设。

3. 实行现代化管理,就会真正实现"资源共享",把图书馆办成一项社会事业。

总之,图书馆工作的现代化是离不开管理现代化的。

三、怎样实现图书馆的现代化

实现图书馆的现代化这个宏伟目标,需要完成从手工化到现代化的过渡。为此,必须做好下列工作:

1. 加强基础工作。这是实现图书馆现代化的起点,也是逐步过渡到现代化的基础。基础工作做不好,现代化只能是一句空话。

2. 加强馆际协作。图书馆的现代化不是一个馆两个馆的事情,它是图书馆界的整体事业,需要大家同心协力,互相配合,逐步形成有机的网络体系,沟通情况,交流经验,互相学习,携手前进。

3. 加强队伍建设。现代化的图书馆队伍是实现图书馆现代化的重要保障。要建立一支宏大的专业结构整体化、年龄结构多样化、智能结构个别化、知识结构立体化、素质结构多维化和领导结构高能化的队伍。在这里,应特别强调领导结构要现代化,这是非常重要的。所谓"领导结构现代化",当然是指领导干部的革命化、年轻化、专业化和知识化,但这些都要与现代化结合起来,增添现代化的新内容。而在知识结构里,还要强调学习外语尤其是英语,学习电子计算机知识并争取普及电脑使用知识。当然,现代科学知识也是需要的。

总之,有了这些条件,现代化就有了基础,就有了保证。

思考题

1. 科学管理与现代化管理是什么关系?
2. 现代化管理的具体内容是什么?
3. 我国图书馆的现代化如何起步?

本章参考文献

1. 开展图书馆现代化的研究是新时期图书馆学的重大课题/黄宗忠,彭斐章,谢灼华著//武汉大学学报(哲学社会科学版).—1978(6)
2. 全国文献工作标准化委员会成立大会专集.—1979
3. 关于图书馆工作标准化的若干看法/罗健雄著//图书馆工作与研究.—1979(2)
4. 标准化是图书馆工作的当务之急/黄俊贵著//图书馆研究与工作.—1980(2)
5. 文献标准化工作中需要解决的几个问题/朱南著//北图通讯.—1980(2)
6. 图书馆学基础 第九章/北京大学,武汉大学编著 北京:商务印书馆 1981
7. 略谈高校图书馆现代化的发展趋势/单行著//大学图书馆通讯.—1983(1);(2)

后　记

　　辽宁人民出版社出版的《图书情报业务丛书》之一的《图书馆管理学纲要》，虽然比原来胶印本有了较大的改进，但是，它仍然不是一个成熟的本子，因而，热切地希望图书馆界的专家学者和具有丰富管理经验的实际工作者提出宝贵的意见，因为它就是在不断吸取意见如同幼苗吸取营养的过程中逐渐趋向完善的。

　　图书馆科学管理能不能上升为系统化的理论，最后从图书馆学里分离出来，成为一门独立的"图书馆管理学"？如果说"能"，那末，这门新兴学科的结构和基本内容是什么？现在它是否已经形成了自己的学科体系？对于这些问题，笔者不揣冒昧，把自己的千虑一得粗作整理，草成《图书馆管理学纲要》，对上述问题作了肯定的回答和力所能及的表述。然而，这仅仅是一次尝试，肯定的回答并不一定能把问题肯定下来，力所能及的表述也并不一定能把问题表述清楚。任何一门学科的确立都不是轻而易举的，尤其是在"万事开头难"的初始阶段，更非一人一时所能完成的。但是，任何一个人的任何一点有意义的劳动都不是无用的，总会在知识之宫的大门上撬开一点缝隙。而且，已有许多人在锲而不舍，撬门不止。这就是说，有前人的现成的劳动成果可资利用，有今人的协作可以集思广益。实际上，就是这本极不成型的"纲要"也是参阅和利用许多人的科研成果的产物。本"纲要"各章共列出"参考文献"达百余篇便是一个证明。

探索一门知识,要依靠各方面的帮助。应该提到的是,一九八二年借北京大学图书馆学系和武汉大学图书馆学系对专业教材进行编审的机会,我把极不成熟的初稿呈上请求指正,不但得到了鼓励,而且得到了该编写组尤其是北京大学图书馆学系副教授关懿娴老师的教正。特别是1984年冬,我把这本《纲要》修订草稿寄给图书馆界老前辈、老专家、南京图书馆研究员钱亚新老先生过目。钱老不顾八十高龄,连日审阅,逐字批点,并亲笔为之作序。这种诲人不倦、扶植后学的精神,是我终生难忘的。本书在编撰过程中,还得到辽宁省图书馆学会《丛书》编委会有关同志的大力支持和指导。在此,谨向所有对这本《纲要》有帮助的同志一并致谢。

　　但是,由于笔者知识贫乏,这本小册子肯定存在不少缺点甚至错误。这也无妨。如果它能使人们少走弯路,我就可借以自慰了。当然,如果能得到名师高手和图书馆界同行的"仙人指路",我将不胜感谢。

于鸣镝
一九八五年春节修改毕

260